Die fünfzig deutschen Vorbilder, die in diesem Buch versammelt sind, wurden einzig nach der Fragestellung ausgesucht, welche Charakterzüge, welche Eigenschaften (manchmal ist es auch nur eine einzige) uns hier und heute weiterhelfen würden. Was können wir sofort und ganz konkret von diesen Persönlichkeiten lernen? Wen wünschen wir uns deshalb gerade in diesen Zeiten wieder zurück in unsere Mitte? So entstand kein herkömmlicher Klassikerkanon, sondern eine illustre Runde, die ganz besondere Einblicke liefert – zusammengestellt von fünfzig ZEIT-Redakteuren, extra für dieses Buch ergänzt um Fotos und Viten.

Unsere Adresse im Internet: www.fischerverlage.de

50
deutsche Vorbilder

Menschen, die uns heute fehlen

Fischer Taschenbuch Verlag

Erschienen im Fischer Taschenbuch Verlag,
einem Unternehmen der S. Fischer Verlag GmbH,
Frankfurt am Main, November 2010

Die Viten wurden erstellt von Juliane Beckmann.
Satz: Fotosatz Reinhard Amann, Aichstetten
Druck und Bindung: Druckerei Kösel, Krugzell
Printed in Germany

ISBN 978-3-596-18982-3

Inhalt

Vorbild – das ist ein großes Wort

Und Dürer? Bach, Beethoven, Kant? Hegel, Heine, Wilhelm Busch? Wo ist Blum? Bismarck, Bebel, Stresemann? Ja, in der Tat, da fehlen doch ein paar ganz, ganz wichtige Namen auf unserer Liste, da fehlen etliche Namen! Und andere wiederum – Karl Valentin, Marlene Dietrich, Stan Libuda –, gehören die wirklich da drauf?

Doch. Genau so soll es sein. Denn unsere Auswahl ist keine Bestenliste mit knallhartem Ranking und kein marmorner Klassikerkanon, kein Katalog für die Welterbekommission der Unesco und kein Walhall der teutschen Helden und Meister. Sie ist inspiriert von der Frage, wen wir uns zurückwünschen, so wie sich Goethe im Gespräch mit Eckermann Lessing zurückwünschte: »Ein Mann wie Lessing thäte uns Noth!« Oder wie Hans Magnus Enzensberger einst sehnsuchtsvoll nach dem genialischen russischen Anarchisten Bakunin verlangte: »Kehr wieder, Bakunin, kehr wieder, kehr wieder!«

Bewundernswert sind die *Betenden Hände* und die *Vier Apostel,* überwältigend ist die *Matthäus-Passion* – so überwältigend wie der Isenheimer Altar. Ein Klassiker bleibt die *Kritik der reinen Vernunft* und Weltliteratur der *Romanzero,* daran sei nicht gerührt und nicht geschüttelt.

Doch hier geht es nicht allein um das grandiose Lebenswerk. Sondern um die Frage: Was an diesem Menschen, seinem Leben, seinem Werk, bewegt uns über die Bewunderung der historischen, über den Genuss der künstlerischen Leistung hinaus? Welches Wort, welche Tat, welche Charaktereigenschaft, welche Kraft, welchen Kunstgriff, welche seiner Ideen haben wir heute nötiger denn je?

So wird unser Gesellschaftsspiel im Handumdrehen zur Gesellschaftsdiagnose: Was brauchen wir? Welche Ziele, Werte, Techniken und Tricks? Welche Eigenschaften brauchen Bürgerin und Bürger? Brauchen sie nicht viel mehr Witz als Ernst? Mehr Eigensinn als Ehrgeiz? Mehr Mut als Tapferkeit? Vielleicht auch mehr Talent zum Teilen als zum Haben, mehr Talent zum Zorn als zum stillen Bescheiden? Ja, was, so blitzt die Frage auf, erhoffen wir uns denn in Zukunft von der Wissenschaft und von der Wirtschaft? Der Kunst? Und von der Politik?

Vorbild – das ist ein großes Wort. Das klingt ein bisschen nach *Helden und Heilige,* jener frommen Legendenkompilation, die einst in keinem katholischen Haushalt fehlen durfte. Oder nach dem bekannten Lexikon *Demokratische Wege,* in dem sich von Wendel Hippler, dem kühnen Bauernkanzler des Jahres 1525, bis zu den Widerstandskämpfern gegen die Diktaturen des 20. Jahrhunderts all jene finden, die zur Tradition unserer Republik gehören (und das selbstverständlich in keinem deutschen Haushalt fehlen darf!). Vorbilder ... das klingt immer nach Heroisierung und Idealisierung, ja Idolisierung und Heiligsprechung. Jeder weiß, wie rasch dergleichen Verehrung, ob sie nun einem großen Denker oder ganz familiär dem Onkel Walter gilt, bei näherem Studium respektive wachsender Einsicht in die Dinge des Lebens zu bitterer Enttäuschung führt – »Das hätt ich nie von dem gedacht!«

So haben wir denn auch im Kreis der fünfzig »Zeit«-Autoren nicht so sehr nach Vorbildern gefragt als nach »fünfzig Deutschen von gestern für die Welt von morgen«. Nach Menschen der Vergangenheit, die man nicht nur ihres Werks wegen, sondern auch als Charaktere verehrt. Oder um einer gewissen Eigenschaft, vielleicht sogar Schwäche willen. Die man eines bestimmten biographischen Moments oder einer besonderen avantgardistischen Idee wegen für sehr zeitgenössisch hält. Und vor allem für – wie lautet das kuriose Wort? – »zukunftsfähig«.

Die Diskussionen waren hitzig, die Antworten höchst subjektiv, wie könnte es anders sein. Doch wer wissen will, was wir von Karl Valentin lernen können oder von Emma Herwegh, von Robert Bosch oder Albert Einstein – über die gewiss höchst großartige Relativitätstheorie hinaus –, der lasse sich überraschen. Auch warum Maria Sibylla Merians Blick auf die Natur aktuell bleibt, ist zu erfahren, warum sich Carl von Carlowitz' Idee von der Nachhaltigkeit als global lebensrettend erweisen wird, was Willy Brandt heutige Politiker lehren kann und heutige Journalisten Herbert Riehl-Heyse. Zu den bekannten Gestalten kommen weniger bekannte, wie die geniale Mathematikerin Emmy Noether oder der Soziologe Adolph Lowe.

Fünfzig Huldigungen, Liebeserklärungen, Selbstbefragungen. Das Mosaik, das so entstanden ist, zeigt keinen Katalog aus dem historischen Persönlichkeitsbaumarkt, sondern ein lebendiges Bild der Gegenwart. Und der Wünsche an unsere Zukunft.

Benedikt Erenz

Ressortleiter Geschichte bei der ZEIT

Gotthold Ephraim Lessing

Er träumt von einem christlichen Christentum und einer Toleranz ohne Gleichgültigkeit. Er weiß, wie begrenzt die Vernunft, wie zerbrechlich das Leben ist, und lehrt uns die Freiheit

Von Thomas Assheuer

Nein, leugnen hilft nicht, denn die Wahrheit liegt offen zutage. Die ehrenwerten Schriftsteller aus dem Zeitalter der Aufklärung – also auch ihr bedeutendster Sohn Gotthold Ephraim Lessing – sind keine Zeitgenossen mehr. Sie sind uns fremd geworden, sie sind Pflichtstoff für Pflichtschuldige. Wir rühmen einen Lessing, wenn er einen runden Geburtstag feiert, aber das Herz des Lesers brennt nicht mehr für ihn. Warum ist das so? Lessing war ein Aufklärer, ein Genie der Kritik, der sein rhetorisches Florett kunstvoll gegen die Mächtigen führte. Aber kritisch – das sind wir längst selbst. Auf dem Stoppelfeld der Kritik lassen wir uns durch niemanden übertreffen; wir haben unsere Lektion gelernt. Kurzum: Lessing brauchen wir dafür nicht mehr.

Und was ist mit dem Kirchenkritiker Lessing, dem Gegner der »Pfaffen« und der »Laffen«? Zeitlebens kämpfte der Pfarrerssohn aus Kamenz gegen die klerikale Orthodoxie und trug dabei manch schönen Sieg davon. Doch leider, auch diese Schlacht ist mit Lessings Hilfe längst geschlagen. Der klerikale Gegner, so könnte man sagen, ist in unseren supersäkularen Gesellschaften nahezu verschwunden. Wenn heutzutage schöne Dorfkapellen in hässliche Diskotheken umgewandelt werden, dann geht dem Kirchenkritiker einfach der Stoff aus.

Bleibt ein anderes Erbe, Lessings 1780 erschienene Schrift über die fortschreitende (Selbst-)*Erziehung des Menschengeschlechts.* Gewiss, Lessing war kein Geschichtsphilosoph, für ihn war der Fortschritt nicht garantiert. Indes, schon bei der Idee des »Fortschreitens« zucken wir zusammen und denken sofort an Umweltzerstörung und Klimakatastrophe. Hat uns der Fortschritt nicht beinahe umgebracht? Und haben wir nicht alle Hände voll zu tun, um die schlimmsten Folgen unseres »Fortschreitens« in den Griff zu bekommen? Und bestünde heute der Fortschritt des Menschengeschlechts nicht gerade darin, den Fortschritt zu mäßigen?

So bliebe uns zuletzt noch Lessings literarisches Genie, seine Theaterkunst, seine berühmten Dramen, zum Beispiel die Komödie *Minna von Barnhelm* oder die Tragödie *Emilia Galotti.* Diese Stücke bewegen noch heute Herz und Verstand; sie zeigen die seelische Despotie der damaligen Klassen- und Ständegesellschaft. Und doch – auch sie sind historisch, im Zeitalter der beschleunigten Partnerschaftsvermittlung, des *Speed-Datings,* scheint ihr Glutkern erloschen.

Wenn es uns nicht mehr gelingen will, Lessing zu aktualisieren; wenn er uns umso fremder wird, je näher wir ihn an unsere Gegenwart heranzerren, dann müssen wir versuchen, diesen »starken Charakter« (Hugo von Hofmannsthal) aus der Ferne zu betrachten. Und tatsächlich – es ist die Historisierung, die Lessing aktuell macht. Wenn wir zum Beispiel seine politisch-philosophischen Gespräche *Ernst und Falk* (1778/1780) lesen, dann lernen wir etwas über die mühsam erkämpfte Vorgeschichte unserer Staatsform, über das Realisierungsdrama der Freiheit. Wenn wir Lessing lesen, dann wird uns schlagartig bewusst, wie viel Unerschrockenheit, Wagemut und Tapferkeit es die Menschen gekostet hat, um dem demokratischen Geist zum Durchbruch zu verhelfen – und wie viel Opfer gebracht werden mussten, damit jeder Mensch ein Recht hat, Rechte zu haben. Pathetisch gesagt: Die Schriften des glühenden Republikaners und Staatsträumers Gotthold Ephraim Lessing öffnen uns die Augen für die Tragik der Demokratie, für ihre Vergesslichkeit.

Tragisch an der Demokratie ist, dass ihr die Freiheit durch den täglichen Gebrauch selbstverständlich wird und dass sie dabei all die Opfer vergisst, die es zu ihrer Durchsetzung bedurft hat. Lessings Schriften kurieren uns von unserer Vergesslichkeit. Er war es, der ein Staatsverständnis zu Fall brachte, in dem der Staat als weltlicher Arm der Religion fungiert – und nicht als ein Institut zur Ermöglichung von Freiheit und »Glückseligkeit«. Lessing war es, der den religiösen Fanatismus so weit abkühlen wollte, dass sich der Gottesglaube endlich mit den Gottesrechten des Menschen verträgt. Lessing träumte von einem christlichen Christentum, er wollte die monotheistischen Religionen humanisieren und ihnen in seinem *Nathan der Weise* (1779) Toleranz lehren. Wohlgemerkt – Toleranz, und nicht Gleichgültigkeit. Den fundamentalistischen Eiferern rief er zu: Seht, auch andere Religionen kennen einen Weg zu Gott. So relativierte Lessing den religiösen Absolutismus, ohne deshalb ein Kulturrelativist zu werden. Goethe schrieb über den *Nathan:* »Möge das darin angesprochene göttliche Duldungs- und Schonungsgefühl der Nation heilig und wert bleiben.«

Und doch war Lessing kein Götzendiener der Vernunft, kein Absolutist der Aufklärung. Die Vernunft, so musste man Lessing verstehen, ist ein Gottesgeschenk. Sie lässt uns erkennen, wie unvernünftig die Welt ist, damit wir sie verbessern können. Zugleich macht sie demütig. Im hellen Licht der Vernunft sehen wir, wie wenig wir selbst in der Hand haben, wie kurz und wie zerbrechlich das Leben ist. Diese Demut, das war Lessings Credo, ist aber nichts ohne die Freiheit. Erst in Freiheit, ohne Sklavenmoral und ohne die Herrschaft der alten Mächte können wir uns demütig verneigen – und vernünftig Einsicht nehmen in die Grenzen unserer Vernunft.

Vita

Gotthold Ephraim Lessing wurde 1729 als Sohn eines Archidiakons im sächsischen Kamenz geboren. 1746 immatrikulierte er sich an der Universität Leipzig im Fach Theologie, doch aus finanziellen Gründen ließ er sich bereits im gleichen Jahr in Berlin nieder und arbeitete dort für die ›Berlinische Privilegierte Zeitung‹, später ›Vossische Zeitung‹. Ab 1751 studierte er in Wittenberg Medizin und besuchte auch philosophische Vorlesungen. 1752 schloss er sein Studium ab und übersiedelte wieder nach Berlin. 1755 vollendete er sein erstes bürgerliches Trauerspiel, »Miss Sara Sampson«. Im gleichen Jahr kehrte er nach Leipzig zurück, brach 1756 zu einer Bildungsreise durch Europa auf, die er jedoch in Amsterdam wegen des Ausbruchs des Siebenjährigen Krieges abbrechen musste. Er zog wieder nach Berlin, wo er zusammen mit Friedrich Nicolai und Moses Mendelssohn die Zeitschrift ›Briefe, die neueste Literatur betreffend‹ veröffentlichte und zum einflussreichsten Kritiker der deutschen literarischen Öffentlichkeit avancierte. 1760 bis 1764 lebte er als Sekretär des preußischen Kommandanten Tauentzien in Breslau, kehrte für einige Zeit nach Berlin zurück, zog 1767 nach Hamburg, um als Dramaturg am dortigen neugegründeten Deutschen Nationaltheater zu arbeiten. Im gleichen Jahr vollendete er sein Lustspiel »Minna von Barnhelm«. Nachdem das Theater 1769 aus finanziellen Gründen schließen musste, wurde Lessing 1770

Bibliothekar der herzoglichen Bibliothek in Wolfenbüttel. Als Begleiter des Braunschweiger Prinzen Leopold bereiste er Italien. 1776 heiratete er seine langjährige Verlobte Eva König; sie starb 1778. 1779 veröffentlichte der Dichter sein Ideendrama »Nathan der Weise«. Gotthold Ephraim Lessing starb 1781 während eines Besuchs in Braunschweig und wurde auf dem dortigen Magni-Friedhof beigesetzt.

Friedrich Schiller

Wie schwach und krank war sein Leib, doch wie kraftvoll ist sein Werk! Des Dichters klassisches Rezept: Eiserne, heitere Disziplin bis zuletzt

Von Adam Soboczynski

Zehn Tage nach Friedrich Schillers Tod am 9. Mai 1805 präsentierte der weimarische Hofmedikus Wilhelm Ernst Christian Huschke das Obduktionsergebnis. »Folgendes Merckwürdige« habe er mitzuteilen: Die Rippenknorpel Schillers seien »starck verknöchert«, die rechte Lunge sei mit dem Rippenfell und dem Herzbeutel derart verwachsen, »daß es kaum mit dem Messer gut zu trennen war. Diese Lunge war faul u. brandig, breiartig u. ganz desorganisirt.« Das Herz? Ein »leerer Beutel«, runzelig und »ohne Muskelsubstanz«. Die Ränder der Leber »brandig«. Die Gallenblase »noch einmal so groß als im natürl. Zustande u. strotzend von Galle«. Auch die Milz übergroß. Die Nieren in »ihrer Substanz aufgelöst«, die Därme mit dem Bauchfell verwachsen. Blase und Magen indes in bester Ordnung. »Bey diesen Umständen«, so der Arzt knapp, »muß man sich wundern, wie der arme Mann so lange hat leben können.«

Zur medizinischen Vorgeschichte: Schon in jungen Jahren plagen Schiller die Folgen einer Malaria-Erkrankung, er leidet häufig unter heftigem Schüttelfrost, Bronchialkatarrh, Kopfschmerzen. Die seinerzeit empfohlenen Medikamente, in Unmengen eingenommen, verschlimmern die Übel. 1791 erleidet Schiller, der gefeierte Sturm-und-Drang-Autor der *Räuber* und mittlerweile Professor in Jena, schwere Fieberkrämpfe während eines Konzerts. Man diagnostiziert eine folgenreiche Lungenentzündung, die niemals vollständig ausheilen sollte, und man verordnet allerlei Nutzloses: Aderlässe, Blasenpflaster, Einläufe. Die Geschichte der Heilkunst kennt ihre Irrtümer.

In den letzten sechs Jahren seines Lebens, die Schiller in Goethes Nähe, in Weimar, verbringt, kränkelt er unablässig und ist unablässig produktiv. Es entstehen im Aufbegehren gegen den verfallenden Körper die *Maria Stuart, Die Jungfrau von Orleans, Die Braut von Messina,* der *Wilhelm Tell.* Schiller beginnt den *Demetrius,* leitet Theaterproben zu Stücken von Shakespeare, Voltaire, Lessing, die er für die Bühne bearbeitet hat, er übersetzt Racine und Diderot, schreibt Gedichte und allerlei mehr. Unterbrochen wird das überreizte, das disziplinierte Arbeiten nur von lästigen Krankheitsschüben. Als der letzte sich ankündigt, sind es zunächst nur die üblichen Misslichkeiten, die Schiller mit wenigen Sorgen verspürt: brennende Lungenschmerzen und »Katarrhfieber«. Nach wenigen Tagen aber spricht der Dichter, wie man sich erinnert, nur noch »unzusammenhängende Worte, meistens Latein«. Goethe schweigt drei Wochen lang und schreibt, er habe mit Schiller die Hälfte seines Daseins verloren.

Es wurde oft gerätselt, weshalb eine deutsche Weltliteratur mit Goethes und Schillers Werken, reichlich verspätet ohnehin, im 18. Jahrhundert machtvoll auf die Bühne trat. Alles sprach dagegen, wie schon in den Jahrhunderten zuvor: Kein Zentrum geistiger Kultur war vorhanden, keine Großstadt, die Wirtschaft rückständig, politisch unbefreite Verhältnisse, die Straßen voll Schlamm. Die Antwort kann nur heißen: Gerade weil alles so schlimm war, musste alles so schön werden. Die Deutschen, sich gefangen wähnend in den Ketten des Feudalismus, schufen sich ein idealistisches Geisterreich qua Kunst.

Die Nation, die es nicht gab, wurde im Theater vorweggenommen. Es war der Ort, in dem die Stände, sich ihrer Herkunft emanzipierend, zueinanderfanden. Hier sahen sie die Stücke des »Dichters der Freiheit«, wie man Schiller bald nannte, sahen sie die Maria Stuart, die ihre Todesangst überwindet, den freiheitsliebenden Räuber Karl, die gesellschaftlich unerwünschte Liebe als Passion zwischen einem Adligen und der zarten Musikertochter Luise Miller in *Kabale und Liebe.* Im Theater entwand man sich illusorisch der als drückend empfundenen Wirklichkeit.

So wie es den Körper des Staates à la longue zu bessern galt, zu heilen, galt es, über den individuellen mit seinen ungeheuren Unzulänglichkeiten zu triumphieren. »Es ist der Geist, der sich den Körper baut«, heißt es im *Wallenstein* in der wohl prägnantesten Formulierung dessen, was Idealismus meint. Und wer heute, 250 Jahre nach Schillers Geburt, sich an ihm ein Vorbild nehmen möchte, darf gerne eines sich vornehmen: eiserne, heitere Disziplin, bis der Pfarrer kommt. Ihr entsprang jene Kunst, die wir heute allzu leichthin klassisch nennen.

Vita

Friedrich Schiller wurde 1759 in Marbach am Neckar geboren. Ab 1771 besuchte er auf herzoglichen Befehl die neugegründete »Militär-Pflanzschule« im Schloss Solitude bei Stuttgart, 1779 bestand er seine medizinischen Examina und wurde nach Beendigung einer Dissertation 1780 aus dem Militärdienst entlassen. 1782 wurden »Die Räuber« in Mannheim uraufgeführt und rissen das freiheitsbegeisterte Publikum zu Jubelstürmen hin. 1783 trat Schiller in Mannheim eine Stelle als Theaterdichter an, sein Vertrag wurde jedoch nicht verlängert, und der Dichter verschuldete sich zusehends. 1784 vollendete er sein bürgerliches Trauerspiel »Kabale und Liebe«, und Ende des Jahres wurde ihm von Herzog Carl August von Sachsen-Weimar-Eisenach der Titel eines Weimarischen Rats verliehen. Doch das änderte an seinen finanziellen Schwierigkeiten nichts, und so reiste er zu Christian Gottfried Körner nach Leipzig, der ihm finanziell aushalf. 1785 schrieb Schiller die »Ode an die Freude«, die durch Beethovens Vertonung internationale Berühmtheit erlangte. Zwei Jahre später vollendete er das Drama »Don Karlos«. 1789 nahm Schiller in Jena eine unbesoldete Professur als Historiker an und verlobte sich mit Charlotte von Lengefeld, das Paar heiratete 1790. Ab 1795 gab der Dichter die Monatszeitschrift ›Die Horen‹, von 1796 bis 1800 auch den ›Musenalmanach‹ für den Cotta Verlag heraus. Durch die Zusammenarbeit bei der Herausgabe der ›Horen‹ entwickelte sich die Freundschaft mit Johann Wolfgang von Goethe. 1799 übersiedelte Schiller nach Weimar, wo er 1802 in den Adelsstand erhoben wurde. Hier beendete er 1799 die Arbeit an seinem Drama »Wallenstein« und schrieb »Das Lied von der Glocke«, 1800 wurde »Maria Stuart« fertiggestellt und uraufgeführt, 1801 »Die Jungfrau von Orleans«, 1803 »Die Braut von Messina«, 1804 »Wilhelm Tell«. Schiller starb 1805 in Weimar und wurde zunächst im Kassengewölbe auf dem Jakobskirchhof beigesetzt, 1827 in die Fürstengruft auf dem Historischen Friedhof Weimar umgebettet.

Rahel Varnhagen

In freien Gesprächen Geselligkeit herzustellen und die Welt in einen Ort voll Geist und Witz zu verwandeln – das ist ihr Leben, ihre Vorstellung vom Glück

Von Kerstin Kohlenberg

Als Rahel Varnhagen am 19. Mai 1771 in Berlin geboren wird, heißt sie noch Rahel Levin. Sie ist die Tochter des jüdischen Bankiers Markus Levin und wohnt in der Jägerstraße 54, nur wenige Schritte von einem der schönsten Plätze der Stadt entfernt, dem Gendarmenmarkt mit seinen beiden Kirchen, dem Französischen und dem Deutschen Dom. Die Levins gehören zu den etwa ein Dutzend Juden Berlins, denen König Friedrich II. eine privilegierte Stellung zubilligt. Zur Gesellschaft gehören sie nicht.

Trotzdem gelingt es Rahel Varnhagen, ihre eigene Gesellschaft zu gründen: in ihrem roten Salon in der Jägerstraße. Dort treffen sich Adelige und Bürger, Juden und Christen, Künstler und Politiker. Der Preußenprinz Louis Ferdinand ist dabei, die Humboldts, Schlegel und Brentano kommen gern; Chamisso, Schleiermacher und Jean Paul machen ebenfalls regelmäßig ihre Aufwartung. »Nichts freut mein Herz so sehr, als wenn sich meine Freunde anerkennen, und ich kann triumphierend sitzen und denken, du bist die Erste, du hast den entdeckt«, schreibt die Meisterin der kurzen Form zufrieden.

Wer bin ich, wenn ich nirgendwo dazugehöre? Diese Frage beschäftigt die Schriftstellerin, die vor allem Briefe und Tagebuch schreibt, ihr Leben lang. Wenn man nicht wie der Adel etwas ist, weil man etwas repräsentiert; wenn man keinem Stand angehört, der in der Öffentlichkeit Bedeutung hat; wenn man ohne Bildung aufwächst, weil der Vater darauf keinen Wert legt; wenn man noch nicht einmal schön anzusehen ist – ja, wer ist man dann? »Sie hat etwas unangenehm Unansehnliches, ohne dass man besonders auffallende Difformitäten im Einzelnen gleich entdeckt«, schreibt einer ihrer Zeitgenossen. Und Varnhagen selbst sagt über sich: »Ich habe keine Grazie; nicht einmal die, einzusehen, woran das liegt.« Sie ist eine Außenseiterin unter Etablierten.

Was sie dagegen tut? Sie beginnt, Menschen zu sammeln. Menschen, die sie an die Welt heranführen: Im Salon der Jägerstraße gibt es keine Frage, die nicht gestellt werden darf, keine noch so emotionale Meinung, die nicht geäußert werden darf. Solange man »ist« und nicht »repräsentiert«, bleibt alles erlaubt. Nur begriffsstutzig darf man nicht sein. Und man muss zuhören können. Sogar Antisemiten empfängt sie. Sie ignoriert die Vorurteile ihrer Besucher – es zählt nur der Witz, der Geist. Es zählt nur der Mensch.

Politik meidet sie. Erst als sie sich durch die späte Heirat mit dem Diplomaten Varnhagen von Ense in gesellschaftlicher Sicherheit wähnt, den »Makel« der Jüdin scheinbar losgeworden ist, lässt sie die politische Gegenwart in ihr Leben.

Varnhagen ist eine Geselligkeitskünstlerin. Sie stellt den Salon und den Tee, den Rest besorgen die Gäste. Sie unterhalten sich, brauchen keine Unterhaltung, kein Spektakel. Wieder mehr von dieser Kultur des Gesprächs und der Geselligkeit, das wäre schön.

Vita

Rahel Levin wurde 1771 als Tochter eines jüdischen Bankiers in Berlin geboren. In den neunziger Jahren unterhielt die Familie Levin einen literarischen Salon, in dem sie u. a. Jean Paul, Ludwig Tieck, die Brüder Schlegel, Clemens Brentano sowie Prinz Louis Ferdinand von Preußen empfing. 1794 unternahm Rahel Levin eine Reise nach Breslau, machte im folgenden Jahr Bekanntschaft mit Karoline von Humboldt und Johann Wolfgang von Goethe. Nach zwei glücklosen Beziehungen lernte sie 1803 den Diplomaten, Historiker und Publizisten Karl August Varnhagen von Ense kennen. 1812 trat sie erstmals als Autorin, wenn auch anonym, an die Öffentlichkeit; der Großteil ihrer Schriften wurde erst posthum publiziert. Während der Befreiungskriege 1813 engagierte sie sich in Prag für die Versorgung der Verwundeten aller Kriegsparteien. 1814 konvertierte sie zum Christentum und heiratete Karl August Varnhagen. Nach verschiedenen Reisen und einem dreijährigen Aufenthalt am badischen Hof zog das Paar 1819 wieder nach Berlin, und Rahel Varnhagen gründete ihren Salon, bei dem Mitglieder der Familie Mendelssohn, die Brüder Humboldt, Heinrich Heine und Fürst Hermann von Pückler-Muskau neben anderen zu Gast waren. Außerdem unterhielten die Varnhagens engen Kontakt zu Johann Wolfgang von Goethe in Weimar. Rahel Varnhagen widmete sich als Schriftstellerin bevorzugt den literarischen Formen des Tagebuchs und des Briefs. Um 1900 wurde die emanzipierte Salonière zum Ideal der Frauenbewegung. Rahel Varnhagen starb 1833 in Berlin und wurde auf dem Kreuzberger Dreifaltigkeitsfriedhof I beigesetzt.

Emma Herwegh

Mehr Demokratie wagen – und mehr Solidarität! Eine Frau wie sie sollte Europas erste Präsidentin werden

Von Margrit Gerste

Eine Emma Herwegh zur Präsidentin!, möchte man rufen, jetzt, da Europa sich endlich zu einer Verfassung durchgerungen hat, die es kleinlaut den Vertrag von Lissabon nennt und der begeisterte Akteure und ein entzücktes Publikum abhandengekommen sind. Für ein Europa des Volkes! Für ein Europa, das in der Tradition der Freiheit steht – der Revolution von 1848, die zwar scheiterte, aber von Männern und Frauen gelebt wurde, deren Begriff von Freiheit, Gleichheit, Solidarität, Europa noch nicht auf den Hund gekommen war. Von Frauen wie Emma und Männern wie Georg Herwegh, dem berühmtesten Dichter der Revolution: »Durch Europa brechen wir der Freiheit eine Gasse!«

Emma Siegmund, Berliner Großbürgertochter, 1817 geboren, sind »die Duckmäuser und Aufsteiger, das sogenannte juste milieu, diese Zwitternaturen, halb liberal, halb royal«, zuwider. Die französische Juli-Revolution von 1830, der polnische Aufstand, das Hambacher Fest prägen ihr politisches, der Weberaufstand in

Schlesien von 1844 prägt ihr soziales Bewusstsein. Sie ist gebildet, spricht Englisch, Französisch, Russisch, Polnisch, Italienisch und wird von ihrer Heirat mit Georg Herwegh bis zu ihrem Tod im Exil leben: Paris, Genf, Nizza, Zürich und wieder Paris. Sie wird in der europäischen Emigrantenszene zur Freiheitskämpferin; unterstützt polnische und italienische Revolutionäre. Sie übersetzt, verfasst Flugblätter, besorgt Waffen, kämpft für die polnischen Freunde in Berlin-Moabit um Hafterleichterungen und gegen die Todesstrafe – »aber stehen Sie zu Ihrer Überzeugung«, mahnt sie Freunde, »keine Gnadengesuche!«

Im Februar/März 1848 – Frankreichs König muss abdanken, Wiens Metternich wird gestürzt, in Berlin brennen Barrikaden, in Baden braucht Friedrich Hecker Unterstützung – gründen Emigranten in Paris die Deutsche Demokratische Legion mit Georg Herwegh an der Spitze. 649 Männer und eine Frau, Emma, ziehen gen Rhein; sie ist Kundschafterin hinter den feindlichen Linien und schließlich sogar Truppenführerin. Doch die Hilfe kommt zu spät. Hecker und die Seinen sind geschlagen.

In den fünfziger Jahren, nach all dem bitteren Scheitern, setzt sie auf Italiens Freiheitsbewegung, ihre Hoffnung bleibt die Europäische Republik, alles Nationale ist ihr zu engstirnig. Sie unterstützt Garibaldi; Felice Orsini, Revolutionär und geliebter Freund, wird von ihr höchst abenteuerlich aus dem Gefängnis befreit.

Georg Herwegh stirbt 1875 mit 58 Jahren, Emma lebt noch 29 Jahre in Paris, arm, angesehen, einflussreich. Der junge Frank Wedekind ist fasziniert von ihrem Witz, wird ihr enger Freund. 1904 stirbt sie und wird im Städtchen Liestal bei Basel beerdigt, an der Seite von Georg Herwegh. »In freier Erde« – wie es einer Kämpferin für ein demokratisches Europa gebührt.

Vita

Emma Siegmund wurde 1817 als Tochter eines wohlhabenden Kaufmanns in Berlin geboren und wuchs in begüterten Verhältnissen auf. Sie erhielt eine private Ausbildung, erlernte mehrere Sprachen, erwarb Kenntnisse in Literatur und Geschichte, wurde zur Pianistin und Malerin ausgebildet und vertrat bereits als junge Frau radikaldemokratische und republikanische Anschauungen. 1842 lernte sie Georg Herwegh kennen, 1843 heiratete das Paar im Schweizer Kanton Aarau, siedelte sich in Paris an. Emma Herwegh unterhielt Korrespondenzen mit Karl Marx, Heinrich Heine, Sophie von Hatzfeld und Ferdinand Lassalle. Als im März 1848 in Deutschland die Revolution ausbrach, reiste das politisch engagierte Ehepaar mehrfach nach Deutschland, um die Revolutionäre um Friedrich Hecker zu unterstützen. Emma überbrachte den badischen Aufständischen in Männerkleidung Botschaften von der in Paris aufgestellten Deutschen Demokratischen Legion ihres Mannes. Doch der Aufstand wurde niedergeschlagen, und Emma und Georg Herwegh flohen in die Schweiz. In ihrem Haus fanden Flüchtlinge aus ganz Europa Unterschlupf; vor allem aus Italien, wo die Herweghs Giuseppe Garibaldi und dessen Freiheitskämpfer unterstützten. 1849 publizierte Emma Herwegh ihre Erlebnisse und Erinnerungen an diese Zeit unter dem Titel »Zur Geschichte der Deutschen Demokratischen Legion aus Paris. Von einer Hochverräterin«. 1866 wurde den politisch Verbannten eine Amnestie gewährt, und das Paar übersiedelte nach Baden-Baden. Hier starb Georg Herwegh 1875. Emma Herwegh zog wieder nach Paris, wo sie als Übersetzerin und Französischlehrerin arbeitete und in den intellektuellen Kreisen der Stadt verkehrte. Sie starb 1904 in der französischen Hauptstadt und wurde neben ihrem Mann auf dem Friedhof im schweizerischen Liestal begraben.

Rosa Luxemburg

Sie kämpft für die sozialistische Idee, sie kämpft mit den eigenen Ängsten und Träumen. Doch selbst in dunklen Zeiten umarmt sie das Leben

Von Alice Bota

Als Rosa Luxemburg bereits zwei Jahre im Gefängnis saß, verurteilt wegen politischer Agitation, erhielt sie einen Brief von Sophie Liebknecht, deren Bruder Karl ebenfalls inhaftiert war. Die Freundin schrieb wie so oft aus einer düsteren, ängstlichen Stimmung heraus. Rosa Luxemburg aber antwortete ihr – aus der Zelle: »Sonjuscha, Liebste, seien Sie trotz alledem ruhig und heiter. So ist das Leben, und so muß man es nehmen, tapfer, unverzagt und lächelnd – trotz alledem.« Da hatte sie vor sich: noch ein Jahr Haft und zwei Jahre zu leben.

Ihre Heiterkeit war echt, denn sie liebte das Leben. Und weil das Leben für sie zwangsläufig Politik bedeutete, glühte sie eben auch für die Politik. Sie kämpfte auf der Straße und ließ sich nicht einschüchtern, nicht von den Freikorps, nicht von der Polizei, auch von den Morddrohungen und Gefängnisaufenthalten nicht. Ihre Leidenschaft faszinierte andere, deshalb wurde sie zu einer so großen Rednerin, zur Galionsfigur der Sozialisten und zum

Schrecken der Herrschenden, der beseitigt werden musste. Im Januar 1919 wurde sie von Freikorps-Soldaten verhaftet, erschossen und in den Landwehrkanal geworfen. Als man sie beim Verhör mit Schlägen traktierte, ließ sie sich nicht einschüchtern: Trotzig antwortete sie auf die Fragen der Uniformierten.

Ihre Sorge galt den anderen und der sozialistischen Idee, selten sich selbst. Ihre Ansichten: zwischen humanistisch und militant changierend. Nie von glatter Logik, nie widerspruchsfrei, ganz ihrem eigenen Charakter entsprechend. Leidenschaft und Fanatismus trennt bisweilen ein schmaler Grat, und gewiss überschritt ihn Rosa Luxemburg mehr als einmal.

Sie wandte sich gegen Lenins Revolution in Russland, in der sie voraussehend den Beginn einer Schreckensherrschaft befürchtete, sie kämpfte für individuelle Freiheitsrechte und allgemeine Wahlen. Und dann doch: Mit allen Mitteln müsse die Revolution durchgesetzt werden; wer für die Nationalversammlung sei, renne einer »lächerlichen kleinbürgerlichen Illusion« nach.

Als Propaganda-Ikone trugen die Parteiobersten der DDR ihr Bild vor sich her. Auch zum Todestag von Rosa Luxemburg im Januar 1988 hielten die Kader ihren alljährlichen Huldigungstrott ab – als plötzlich ganz hinten im Menschenzug Dissidenten mit Luxemburgs berühmtem Zitat »Freiheit ist immer die Freiheit der Andersdenkenden« gegen den Unrechtsstaat protestierten. Sie ließ sich nicht vereinnahmen, von niemandem.

Aber das Entscheidende: Rosa Luxemburg war kein Apparatschik. Sie war durch und durch Mensch, zerrissen, unschlüssig, manchmal verzweifelt. Sie litt viel, an den unglücklichen Lieben zu ihren Männern, an dem, was sie als Verrat an den Menschen und den Idealen empfand, und an dem, was sie im Leben eigentlich wollte.

Sie zweifelte gelegentlich, ob sie für die Politik oder nicht doch

»zum Gänsehüten« geboren worden sei, sie wünschte sich ein Heim und ein Kind, aber ihre Leidenschaft trieb sie immer wieder in die Politik, auf die Straße, zu den Kundgebungen. Als der Erste Weltkrieg ausbrach, trug sie Gedanken an Selbstmord mit sich herum. Ihre Heiterkeit kam tief aus einer zerrissenen, verletzten Seele. Sie flog ihr nicht zu. Sie musste sie immerzu aufs Neue erkämpfen.

Selbst in dunklen Zeiten umarmte sie das Leben; wie ein Kind freute sie sich, wenn ihre Freundin ihr gepresste Blumen in die Zelle schickte; sie war vernarrt in ihre Katze Mimi (fast hätte es eine Freundschaft mit Lenin gegeben, denn bei seinem Besuch schien ihn Mimi zunächst zu mögen, kratzte ihn dann aber doch), sie liebte Musik und Literatur. Nach langen Vorträgen und mühsamem Schreiben fiel sie nicht erschöpft in sich zusammen, sondern nahm alles Schöne um sich herum gierig auf.

Zum Neujahr schrieb sie einen wütenden Gruß an die Sozialdemokratin Mathilde Wurm. »Sieh, daß Du Mensch bleibst«, schrieb sie am Ende, »Mensch sein ist vor allem die Hauptsache. Und das heißt: fest und klar und heiter sein, ja, heiter trotz alledem und alledem, denn das Heulen ist Geschäft der Schwäche. Mensch sein, heißt, sein ganzes Leben auf des Schicksals großer Waage freudig hinzuwerfen, wenn's sein muß, sich zugleich aber an jedem hellen Tag und jeder schönen Wolke zu freuen, auch ich weiß keine Rezepte zu schreiben, wie man Mensch sein soll, ich weiß nur, wie man's ist ...«

Vita

Rosa Luxemburg wurde im Jahr 1870 in Zamość bei Lublin, damals Russisch-Polen, als Tochter eines wohlhabenden jüdischen Holzhändlers geboren. Als Schülerin engagierte sie sich in Warschau bereits in verbotenen politischen Zirkeln. Vor einer drohenden Verhaftung emigrierte sie nach

Zürich, wo sie ein Nationalökonomie-Studium aufnahm, das sie 1879 mit einer Promotion abschloss. 1898 heiratete sie den deutschen Schlosser Gustav Lübeck, erhielt die deutsche Staatsbürgerschaft, zog nach Berlin und trat in die SPD ein. Aufgrund ihrer klassenkämpferischen und revolutionären Haltung wurde sie bald zur führenden Theoretikerin des linken Parteiflügels. Als Chefredakteurin der ›Leipziger Volkszeitung‹ nahm sie in zahlreichen Artikeln Stellung zu den ökonomischen und sozialpolitischen Verhältnissen in Europa, thematisierte engagiert die Kriegsgefahr. Auf einer Kundgebung in Frankfurt am Main 1912 rief sie zur Kriegsdienstverweigerung auf, wofür sie zu einem Jahr Gefängnis verurteilt wurde. Während des Ersten Weltkrieges wandte sie sich gegen die »Burgfriedenspolitik« der SPD. 1915 wurde der Spartakusbund gegründet. Im gleichen Jahr musste die Kriegsgegnerin Luxemburg ihre einjährige Haftstrafe in Berlin antreten, wurde kurz nach ihrer Entlassung erneut zu zweieinhalb Jahren »Sicherheitsverwahrung« verurteilt, die sie in Wronke und Breslau verbüßte. 1918 kehrte sie nach Berlin zurück. Im Januar 1919 wurde die Kommunistische Partei Deutschlands (KPD) gegründet, zu deren Vorsitzenden Rosa Luxemburg und Karl Liebknecht gewählt wurden. Der Spartakusaufstand wenige Tage später wurde niedergeschlagen, Luxemburg und Liebknecht wurden festgenommen, verhört, schwer misshandelt und schließlich ermordet. Die Leiche Rosa Luxemburgs wurde in den Landwehrkanal geworfen, eine wenige Tage später geborgene Frauenleiche als die der Revolutionsführerin identifiziert. Sie wurde neben Karl Liebknecht auf dem Zentralfriedhof Friedrichsfelde in Berlin bestattet.

Erich Mühsam

»Sich fügen heißt lügen« – das ist sein Credo, Unerschrockenheit sein Lebensprinzip: ein Anarchist im edelsten Sinne des Wortes

Von Gero von Randow

»Kein Bürger darf seines Lebens, seines Eigentums mehr sicher sein, so allein kann die moralische Widerstandskraft der Kapitalisten gebrochen werden«: Einen, der so etwas schrieb, wünscht man sich den als Zeitgenossen herbei? O ja! Ihn – nicht seine Zeit, das schreckliche 20. Jahrhundert: nicht die fünfjährige Haft, in der er Revolutionen herbeisehnte; nicht die Zensur seiner Schriften und die Ermordung seiner Freunde durch Reichswehr und rechtsnationale Freikorps. Aber ihn sehr wohl, der vor 75 Jahren von den Nazis im Konzentrationslager Oranienburg umgebracht wurde: den Freigeist Erich Mühsam.

Geboren 1878 in Berlin, aufgewachsen in Lübeck, gab er lange Zeit den Schwabinger Bohemien, war witzig, antiautoritär und doch eher kleinbürgerlich (Jahrzehnte später, in den sechziger Jahren, sollte es in West-Berlin einen Wiedergänger namens Fritz Teufel geben, Habitus inklusive). Doch das Clowneske täuschte. Der Schriftsteller und Sozialaktivist war von einer ernsten Idee ergriffen, dem Anarchismus, über den er 1912 schrieb: »Anarchie bedeutet Herrschaftslosigkeit. Wer den Begriff mit keinem Gedanken verbinden kann, ehe er ihn nicht zur Zügellosigkeit umgedeutet hat, beweist damit, dass er mit den Empfindungsnerven eines Pferdes ausgerüstet ist.« Man müsse freilich »bei sich selber und in seinem nächsten Umkreis mit dem Befreiungswerk beginnen«. Das ist der ganze Mühsam, aktueller denn je: Befreiung als Leben und nicht bloß als Politik.

Doch auch als Politik! – gegen den Krieg und die Sozialdemokraten, die im Reichstag für die Kriegskredite gestimmt hatten. Nur wie ein Ende machen? Mühsams Freunde glaubten nicht an eine Revolution, »weil dazu bestimmte Ziele aufgestellt und organisatorisch vorbereitet sein müssten«, wie es in seinem Tagebucheintrag vom 19. Juni 1916 heißt. »Diese Ansicht teile ich ganz und gar nicht. Das Ziel einer Revolution wäre jetzt einfach Friede. Ist der erreicht, dann hat das Volk ein moralisches Plus, das es für die Vorbereitung größerer und sozialistischer Dinge sehr aufnahmefähig machen müsste.«

Dann kam sie wirklich, die Revolution. Sie stürmte vor und fiel zurück; 1918 stritt Mühsam für die Räterepublik des Freistaats Bayern, die blutig niedergeschlagen wurde. Mühsam überlebte, musste ins Gefängnis. Es folgten Einzelhaft, seelische und körperliche Qualen, doch keine Verzweiflung. Wohl aber Enttäuschung, etwa über »Lenins Fiasko, das seinen Grund eben darin hat, dass er aus der Sowjetrepublik wieder einen Obrigkeitsstaat gemacht hat«. Für solche Sätze hassten ihn die »Patentkommunisten«.

»Sich fügen heißt lügen«, dichtete er, und vor allem handelte er danach. Denken wir uns die Kriegs- und Revolutionszeiten weg, dann riefe ein Mühsam heute wohl kaum zu den Waffen. Doch wir hätten in ihm einen Unerschrockenen, der Gemeinheiten Gemeinheiten, Lügner Lügner und Frömmler Frömmler nennen würde. Und der den von Wellness und Hipness weichgespülten Zeitgenossen seine »Lebensregel« entgegenhalten würde: »An allen Früchten unbedenklich lecken / vor Gott und Teufel nie die Waffen strecken / Künftiges missachten, Früheres nicht bereuen / den Augenblick nicht deuten und nicht scheuen / dem Leben zuschaun; andrer Glück nicht neiden / stets Spielkind sein, neugierig noch im Leiden / am eignen Schicksal unbeteiligt sein / das heißt genießen und geheiligt sein.«

Im September 1910 notierte Mühsam: »Zeppelins Luftschiff Nr. 6 ist in der Halle verbrannt. Unter sieben Ballons der fünfte, der zerstört ist: Aber die guten Deutschen sind so zeppelinbegeistert wie nur je. [...] Ein sonderbares Volk, das sich immer an der verkehrten Stelle begeistert.« Es sollte bald schlimmer kommen. »Mit dem Faszisten-Aufstand ist ein furchtbares Novum in die Weltgeschichte getragen worden«, erkannte Mühsam bereits 1922. Nach der Machtergreifung schrieb er weiterhin offen gegen die Nazis an. Er, den auch die Kommunisten mit dem Tod bedroht hatten, sah 1922 voraus: »Möge mich schließlich an die Wand stellen, wer mag – erschossen kann ich immer nur von rechts werden.«

Vita

Erich Mühsam wurde 1878 in Berlin geboren, wuchs in Lübeck auf. Sein Vater war Apotheker und Abgeordneter der Lübecker Bürgerschaft. Erich Mühsam machte 1896 Abitur in Parchim, veröffentlichte zwei Jahre später erste Aufsätze und Gedichte. Nach einer Apothekerlehre in Lübeck zog er 1900 nach Berlin. Dort wurde er 1902 Redakteur bei der anarchistischen Zeitschrift ›Der arme Teufel‹, 1905 beim ›Weckruf‹. 1904 erschien sein Gedichtband »Die Wüste«. In den Jahren 1904 bis 1907 reiste er nach Italien, hielt sich längere Zeit in Ascona auf, dann in Wien, Paris, München und in der Schweiz. 1909 ließ er sich in München nieder, wo er zur Agitation für den Anarchismus die Gruppen ›Tat‹ und ›Anarchist‹ initiierte, die die Ideen des Sozialistischen Bundes propagierten. Mühsam wurde eine zentrale Größe der Schwabinger Boheme. 1911 bis 1919, mit Unterbrechung während des Ersten Weltkrieges, gab er die revolutionäre Zeitschrift ›Kain – Zeitschrift für Menschlichkeit‹ heraus. 1918 rief er zur Revolution auf, war während der Novemberrevolution Mitglied des Revolutionären Arbeiterrates, gründete die Vereinigung Revolutionärer Internationalisten zur Radikalisierung der Rätebewegung, arbeitete mit dem Spartakusbund zusammen. 1919 gehörte er zu den Initiatoren und Anführern der »Räterepublik Baiern«. Nach deren Sturz wurde Mühsam zu 15 Jahren Festungshaft verurteilt, von denen er fünf Jahre verbüßte. Nach seiner Entlassung übersiedelte er nach Berlin, wo er von 1926 bis 1931 die Zeitschrift ›Fanal‹ herausgab. Ab 1925 engagierte er sich in der KPD-nahen Gefangenenhilfsorganisation Rote Hilfe Deutschland, aus der er 1929 wieder austrat. Früh setzte er sich als Publizist gegen die faschistische Agitation ein. Wenige Wochen nach der Machtübernahme der Nationalsozialisten wurde Erich Mühsam inhaftiert und 1934 nach 16-monatiger Haft im KZ Oranienburg ermordet. Sein Grab befindet sich auf dem Waldfriedhof Dahlem in Berlin.

Marlene Dietrich

Ihr Mythos ist ungebrochen. Doch ihre wahre Größe verdankt sich zwei schlichten Eigenschaften: Anstand und Haltung

Von Katja Nicodemus

Ihr Lieblingswort war »Quatsch«. Das passt zu einer Frau, die immer wusste, was sie wollte, und vor allem, was nicht. Quatsch fand sie ihren Namen Marie Magdalene, deshalb gab sie sich einen neuen: Marlene.

Als Marlene war sie der absolute Star ihres Jahrhunderts, zeitlos in der Zeit. Aber immer auch: die beineschwingende Göre aus Berlin. Marlene, die Kleene, geboren in der Leberstraße 65 in Berlin-Schöneberg. Auf einmalige Weise verkörpert sie die Doppelexistenz eines bodenständigen, herzlichen, hilfsbereiten Menschen und eines perfekt kontrollierten, unserem Dasein enthobenen Traumbildes. Aber kann man sich Marlene Dietrich in TV-Spots vorstellen, bei *Wetten, dass …?*, als Gast bei Johannes B. Kerner? Natürlich, man kann sie sich vorstellen in diesem Zirkus, elegant und eben auch kumpelhaft, schlagfertig berlinernd. Trotzdem hätte sie den ganzen Quatsch nicht mitgemacht. Weil sie wusste, dass Image mit Imagination zu tun hat, die nur zerstört werden kann durch völlige Verfügbarkeit.

Im Grunde war Marlene Dietrich der erste Star, der das Medienzeitalter wirklich begriff. Die Medien verstehen heißt erkennen, wann man sich entziehen muss. Marlene entzog sich immer wieder und am Ende konsequent. Von manchen wurde der totale Rückzug ihrer letzten Jahre als Eitelkeit gedeutet. Dabei ging es vielmehr um eine radikale Form der Demut gegenüber dem eigenen Mythos. In Zeiten, in denen man über Jahre hinweg mit den Spermiengeschichten abgehalfterter Tennisstars belästigt wird, möchte man einige Stars und Sternchen in ihre preußische Schule schicken.

Auf dieser Schule könnte man auch lernen, was Haltung ist. Eine Haltung, die mit Herz und Gerechtigkeitsempfinden zu tun hat. Marlene Dietrich, sagte ein kluger Bewunderer, habe Hitler nicht aus politischen Gründen, sondern aus Anstand abgelehnt. Genau deshalb wurde sie für die Deutschen zur Nemesis. Diese Nemesis trug Pelz, machte in Hollywood Karriere und unterstützte während des Zweiten Weltkriegs in amerikanischer Uniform die GIs. Und so liegt das Problem der Deutschen im Umgang mit Marlene Dietrich darin, dass Marlene ein Vorbild sein könnte, für ihre Landsleute aber vor allem deren Versagen während der Nazizeit widerspiegelte: Sie war das glamouröse Gegenteil von Mitläufertum.

Man muss immer wieder daran erinnern, dass Marlene Dietrich 1960, während ihrer Konzertreise durch Deutschland, als »Vaterlandsverräterin« beschimpft und mit Eiern beworfen wurde. Es spricht sehr für sie, dass sie daraus keine Märtyrergeschichte machte und behauptete, sich vor allem vor Flecken auf ihrem Schwanenmantel zu fürchten. Wie sehr es sie trotzdem verletzt haben muss, kann man nur ahnen. Danach kehrte sie nie wieder nach Deutschland zurück. Sollte man in diesem Land, in dem es selbst ein Denkmal für den Lieblingsdackel von Kaiser Wilhelm gibt, nicht endlich auch eines für Marlene Dietrich errichten? Glamour hatte sie einfach. Anstand und Haltung waren ihre zeitlosen Tugenden. Bewundern muss man sie bis in alle Ewigkeit für die Lässigkeit ihrer Courage. Und für ihre Bescheidenheit. »Alles, was über mich geschrieben wird, ist Quatsch«, sagte sie.

Vita

Marlene Dietrich wurde 1901 als Marie Magdalene Dietrich in Schöneberg, heute ein Stadtteil von Berlin, geboren. Sie begann 1918 am Konservatorium in Weimar eine Ausbildung zur Konzertgeigerin. Ab 1922 studierte sie Schauspiel in Berlin an der Schule des renommierten Theaterleiters und Regisseurs Max Reinhardt. Bei der Arbeit an ihrem dritten Film, »Tragödie der Liebe«, lernte sie ihren späteren Ehemann, den Regieassistenten Rudolf Sieber, kennen, 1924 wurde die gemeinsame Tochter geboren. Ab 1927 spielte Marlene Dietrich größere Parts in Filmprojekten, 1929 erhielt sie die Rolle, die ihr den internationalen Durchbruch brachte: Sie war die weibliche Hauptdarstellerin in der deutschen Tonfilmproduktion »Der blaue Engel«, in der Regie von Josef von Sternberg. 1930 ging die Schauspielerin in die USA, wo sie bis 1935 weitere Filme mit Josef von Sternberg drehte, später mit Alfred Hitchcock, Ernst Lubitsch, Orson Welles und Billy Wilder arbeitete. 1939 wurde sie US-amerikanische Staatsbürgerin. Mitte der vierziger Jahre entschloss sie sich zu Bühnenauftritten im Rahmen der Truppenbetreuung an der Front. Dieses politische und soziale Engagement wurde international gewürdigt, während es in Deutschland Unmut weckte und die Sängerin hier nicht selten als »Verräterin« beschimpft wurde. Ab 1953 tourte sie durch Europa, Australien, die USA, die Sowjetunion und Israel. 1958 spielte sie in dem Kriminalfilm »Zeugin der Anklage« eine vielgelobte Doppelrolle, 1961 drehte sie ihren letzten Film, »Das Urteil von Nürnberg«. Die mittlerweile tablettensüchtige und alkoholkranke Diva lebte während ihrer letzten Lebensjahre zurückgezogen in ihrer Wohnung in Paris. 1963 war ihr erstes Buch, »ABC meines Lebens«, erschienen, 1979 veröffentlichte sie ihre Autobiographie »Nehmt nur mein Leben«. Marlene Dietrich starb 1992 in Paris und wurde auf eigenen Wunsch in Berlin auf dem Friedhof Schöneberg III beigesetzt. 2002 wurde sie posthum zur Ehrenbürgerin der Stadt Berlin ernannt.

Dietrich Bonhoeffer

Er predigt Liebe gegen Hass und Terror – und lebt seine Überzeugung mutig im Widerstand gegen den Nationalsozialismus

Von Elisabeth von Thadden

Warum nur Pfarrer! Dieser musikalische Junge hätte doch, aus einer angesehenen Familie von Medizinern, Juristen, Künstlern stammend und mit allen Merkmalen der intellektuellen Hochbegabung gesegnet, nicht ausgerechnet Theologie studieren müssen und sich dann, nach der Habilitation, statt Professor zu werden, auch noch der Gemeinde zuwenden. Die Familie Bonhoeffer, eine der wenigen des liberalen Bürgertums in Deutschland, die sich dem Nationalsozialismus verweigerten, hat die berufliche Entscheidung ihres sechsten Kindes zunächst etwas kopfschüttelnd aufgenommen.

Es wirkt aber heute, als habe dieser Dietrich Bonhoeffer, der als evangelischer Theologe und als Staatsbürger in den politischen Widerstand ging und wenige Tage vor Kriegsende im Konzentrationslager Flossenbürg bestialisch ermordet wurde, von Anfang an sich auf das zu konzentrieren verstanden, worauf es eigentlich ankommt – das hieß für ihn: in Christus leben –, und alles Exzellenz-Gebaren an sich abgleiten lassen. In den Notizen *Nach zehn Jahren,* die der 36-Jährige, kurz vor seiner Verhaftung, zum Jahresende 1942/43 schrieb, stehen Sätze wie dieser: »Die letzte verantwortliche Frage ist nicht, wie ich mich heroisch aus der Affäre ziehe, sondern wie eine kommende Generation weiterleben soll.« Und dieser: »Nicht Genies, nicht Zyniker, nicht Menschenverächter, nicht raffinierte Taktiker, sondern schlichte, einfache, gerade Menschen werden wir brauchen.« Qualität, das hieß für ihn: »… den Verzicht auf die Jagd nach Positionen, den Bruch mit allem Starkult, den freien Blick nach oben und unten, […] die Freude am verborgenen Leben wie den Mut zum öffentlichen Leben.« Kulturell bedeutete ihm das: der Hast die Stille vorzuziehen oder das Buch, dem Virtuosenideal die Kunst und der Sensation die Besinnung.

Was wie ein Coaching-Programm für den intakten inneren Menschen klingen mag, hat ganz andere Spuren hinterlassen, die belegen, was Freiheit sein kann, die einem gegeben ist und die einer sich nimmt: Schon im April 1933 hält Bonhoeffer im Aufsatz *Die Kirche vor der Judenfrage* gegen die meisten seiner Mitpfarrer fest, die Kirche sei »den Opfern jeder Gesellschaftsordnung in unbedingter Weise verpflichtet«. Von einer Pfarrstelle im sicheren London kehrt er 1935 nach Deutschland zurück, von einer USA-Reise im Juni 1939 desgleichen und schließt sich bis 1940 dem militärischen Widerstand an. In seiner *Ethik* legt er 1940 dar, was die Kirche hat fehlen lassen: »Sie war stumm, wo sie hätte schreien müssen, weil das Blut der Unschuldigen zum Himmel schrie.« Für Bonhoeffer, der dem Krieg durch eine christliche Ökumene hatte entgegenwirken wollen und der dann die internationalen Kontakte der Ökumene im Widerstand eingesetzt hat, um dem Kriege ein Ende zu machen, war das Christentum nicht einfach Methode, das wacklige Ich zu stabilisieren. Es hieß Liebe im heute ziemlich unüblichen Wortsinn, als Antidot gegen die Menschenverachtung nämlich: »Das einzig fruchtbare Verhältnis zu den Menschen – gerade zu den Schwachen – ist Liebe, d. h. der Wille, mit ihnen Gemeinschaft zu halten.« Mit den Menschen, nicht allein den Christen, Abendländern oder Akademikern.

Wie immer man jenes Lot versteht, das Bonhoeffers Glauben und Handeln in die Welt senkten, er selbst hat es kurz vor seiner Ermordung so formuliert: »Von guten Mächten wunderbar geborgen / erwarten wir getrost, was kommen mag. / Gott ist bei uns am Abend und am Morgen / und ganz gewiß an jedem neuen Tag.« Aber das muss ein Mensch natürlich nicht glauben.

Vita

Dietrich Bonhoeffer und seine Zwillingsschwester wurden 1906 in Breslau als sechstes und siebtes Kind eines Professors für Psychiatrie und Neurologie und einer Lehrerin geboren. 1912 übersiedelte die Familie nach Berlin. 1923 begann Dietrich Bonhoeffer ein Theologiestudium in Tübingen. Nach einem Studienaufenthalt in Rom setzte er das Studium in Berlin fort, wo er 1927 promoviert wurde. 1928 ging er als Vikar der deutschen evangelischen Kirchengemeinde nach Barcelona, kehrte 1929 als Assistent an die Theologische Fakultät der Berliner Universität zurück und legte 1930 als 24-Jähriger seine Habilitationsschrift vor. Anschließend hielt er sich als Stipendiat in New York auf, wurde 1931 Privatdozent an seiner Alma Mater sowie Studentenpfarrer der Technischen Hochschule Berlin. Im Oktober 1933 trat er eine Pfarrstelle in der deutschsprachigen Kirchengemeinde in London an. Im Mai 1934 gründete sich die Bekennende Kirche. Bonhoeffer setzte sich aus theologischen und politischen Gründen derzeit verstärkt für die Ökumene ein. 1935 übernahm er die Ausbildung junger Pastoren im Predigerseminar Finkenwalde. Die Nationalsozialisten verboten das Seminar 1937, doch es wurde illegal im Sigurdshof fortgeführt, bis es 1940 endgültig geschlossen wurde. Dem Theologen erteilten die Nazis

1940 Rede- und Schreibverbot; doch er setzte seine Tätigkeiten in der Bekennenden Kirche und der Widerstandsbewegung fort. 1943 wurde er wegen »Wehrkraftzersetzung« verhaftet und ins Militärgefängnis Berlin-Tegel, von dort ins KZ Buchenwald gebracht. Erst nach dem gescheiterten Attentat auf Adolf Hitler am 20. Juli 1944 konnte die Gestapo ihm eine Beteiligung im Widerstand nachweisen. Im Februar 1945 brachte die SS Bonhoeffer ins KZ Flossenbürg, wo er am 8. April zum Tode verurteilt und am Folgetag hingerichtet wurde.

Hannah Arendt

Obwohl sie die Macht des Bösen kennt, weiß sie: Jeder neue Mensch ist ein Anfang, begabt mit der Freiheit zum gemeinsamen Handeln

Von Jörg Lau

Hannah Arendt hat sich immer dagegen gewehrt, als Philosophin bezeichnet zu werden. Sie war stolz darauf, bloß Politische Theorie zu treiben. Das ist ungewöhnlich für jemanden, der in der Welt der deutschen Universität intellektuell groß geworden ist – in Marburg, Freiburg, Heidelberg. Aber in ihrer Bevorzugung des geringeren Begriffs liegt auch schon ein Grund dafür, warum wir sie heute mehr denn je brauchen: Hannah Arendt ist der ganz und gar unwahrscheinliche Fall einer deutschen Intellektuellen, welche die Liebe zur Politik lehrte. Und dies nach den Erfahrungen des letzten Jahrhunderts – nach dem Totalitarismus (dem sie den Namen gab), nach der Judenverfolgung (vor der sie sich ins Exil rettete), nach dem Eichmann-Prozess (dessen Deuterin sie wurde).

Wie erstaunlich ist nach all dem die weltzugewandte Leidenschaft für das Politische, die Arendt nicht nur lehrte, sondern verkörperte. Sie hätte ja wahrlich Grund gehabt, an der Politik zu verzweifeln. Doch ihr Werk begründet die besondere Würde und Notwendigkeit des gemeinsamen Handelns in der und für die Öffentlichkeit.

Was mich an ihr vor allem fasziniert, sind ihre geistige Unabhängigkeit und Unerschrockenheit. Sie hat sich nie bange machen lassen: Sie hat es sich nicht nehmen lassen, im Begriff des Totalitären die Regime des Stalinismus und des Nationalsozialismus zu vergleichen – wodurch sie bei der Linken in Verruf kam, die bei aller Kritik am Stalinismus doch immer zögerte, die Gemeinsamkeiten von Stalin und Hitler ins Auge zu fassen.

Ebenso wenig hat sie sich den Mund verbieten lassen, als ihr Buch über *Eichmann in Jerusalem* zum Ziel einer politischen Kampagne wurde. Sie hatte den Prozess gegen den Architekten der »Endlösung« beobachtet und war zu dem Schluss gekommen, dass der verschnupfte dünne Mann in dem Glaskasten des israelischen Gerichts nicht zu dem Dämonenbild passte, das man sich von seinesgleichen gemacht hatte. Das Böse trat nicht voller Sadismus, Brutalität und Hass vor das Auge der Reporterin, sondern in Form der »Gedankenlosigkeit«: Adolf Eichmann war der Monstrosität der Konsequenzen seines eigenen Handelns beim »Verwaltungsmassenmord« des NS-Regimes nicht gewachsen. Arendts Beobachtungen zur »Banalität des Bösen« und ihre teils recht scharfen Bemerkungen zur Mitarbeit der »Judenräte« an der Erfassung der Opfer des Holocaust wurden zum Anlass einer Hasskampagne gegen sie. Ausgerechnet die frühe Zionistin Arendt wurde von der israelischen Rechten als Feindin Israels hingestellt. Sie hat sich davon nicht beirren lassen.

Es ist ein Wunder, dass diese Frau es unternahm, den Menschen von seinen Möglichkeiten her zu denken – nicht von seinen Grenzen oder gar seiner Sterblichkeit her wie ihr Lehrer und Geliebter Martin Heidegger. Wo dieser das Dasein als »Vorlauf zum

Tode« begriff, dachte sie vom Beginn her, von der »Geburtlichkeit«: Jeder Mensch ist ein neuer Anfang, begabt mit der Freiheit zum gemeinsamen Handeln.

Hannah Arendt hatte – nicht zuletzt durch die Beobachtung des politischen Sündenfalles ihrer großen Liebe Heidegger – einen starken Sinn für die »Tyrannophilie« der Intellektuellen. Sie hatte erleben müssen, wie hochintelligente Menschen sich die kompliziertesten Begründungen einfallen ließen, um links wie rechts der absoluten Macht zu huldigen. Unter den großen Denkern des letzten Jahrhunderts gehört sie zu den sehr wenigen, die davon frei blieben.

Ihre Antwort auf das politische Versagen der Intellektuellen war nicht die Flucht ins Un- oder Überpolitische – sondern, gerade im Gegenteil, der stets riskante Weg in die Öffentlichkeit, verstanden als den Möglichkeitsraum des politischen Handelns. In Zeiten wie diesen mit ihrer grassierenden Politikverachtung hat Hannah Arendt uns etwas zu sagen.

Vita

Hannah Arendt wurde 1906 in Linden, heute ein Teil von Hannover, als Tochter säkularer jüdischer Eltern geboren und wuchs in Königsberg auf. 1924 begann sie ein Studium der Philosophie, Theologie und Griechischen Philologie in Marburg bei Martin Heidegger, das sie in Heidelberg mit einer Promotion bei Karl Jaspers abschloss. 1929 heiratete sie in Berlin den Publizisten Günther Anders. Sie begann für eine Habilitationsschrift über Rahel Varnhagen zu forschen, beschäftigte sich zunehmend mit politischen Fragen und Theorien und musste mit ansehen, wie enge Freunde, darunter Martin Heidegger, sich dem Nationalsozialismus zuwandten. 1933 emigrierte die Theoretikerin nach Paris, wo sie für zionistische Organisationen tätig war. In diesen Jahren entstand ihre Freundschaft mit Walter Benjamin. 1936 lernte sie den ehemaligen Kommunisten Heinrich Blücher kennen, den sie 1940 heiratete. 1937 erkannten die Nationalsozialisten Arendt die deutsche Staatsbürgerschaft ab. Gemeinsam mit ihrem Mann und ihrer Mutter floh sie 1941 nach New York. Hier arbeitete sie bei der deutsch-jüdischen Wochenzeitung ›Aufbau‹, war von 1944 bis 1946 Forschungsleiterin, von 1948 bis 1952 Geschäftsführerin der Commission on European Jewish Cultural Reconstruction. 1949/50 reiste sie erstmals wieder nach Europa. 1951 erschien ihre Studie »The Origins of Totalitarism«. Nachdem sie 14 Jahre staatenlos gewesen war, wurde sie 1951 Staatsbürgerin der USA. Zwischen 1953 und 1956 hielt sie Vorlesungen in Princeton, Harvard und an der New School for Social Research, war 1955 Gastprofessorin in Berkeley. 1961 nahm sie als Berichterstatterin für den ›New Yorker‹ am Eichmann-Prozess in Jerusalem teil; es entstand ihr Buch »Eichmann in Jerusalem. Ein Bericht von der Banalität des Bösen«. 1963 bis 1967 war sie Professorin an der University of Chicago, danach an der New School for Social Research. Hannah Arendt starb 1975 in New York und wurde auf dem Friedhof des Bard College begraben.

Helmuth James Graf von Moltke

Darf ich genießen, wenn andere leiden? Mache ich mich schuldig, wenn ich dem Unrecht tatenlos zusehe? Moltkes Fragen bleiben unsere Fragen

Von Volker Ullrich

In Ruth Andreas-Friedrichs Tagebuch *Der Schattenmann* taucht er einmal auf, unter dem Datum des 11. Oktober 1942. Ein Kreis von Hitler-Gegnern hat sich eingefunden und debattiert über Möglichkeiten, der Naziherrschaft ein Ende zu bereiten. »In einer Ecke sitzt, still in den Sessel zurückgelehnt, ein ernster Mann. Betrachtet aus großen Augen aufmerksam jeden Anwesenden. Er spricht wenig. Mischt sich kaum in die leidenschaftliche Unterhaltung … ›Wer war der Herr?‹ erkundige ich mich, als der schweigsame Unbekannte sich früher als alle anderen verabschiedet hat. ›Moltke. Graf Helmuth von Moltke. Unser bester Kopf.‹«

Der beste Kopf des deutschen Widerstands gegen Hitler: Das war Helmuth James von Moltke in der Tat. Geboren wurde er am 11. März 1907, auf dem Familiengut im schlesischen Kreisau, das der berühmte Vorfahre, der Chef des preußischen Generalstabs, Helmuth von Moltke, nach dem Sieg Preußens über Österreich 1866 erworben hatte. Zum preußisch-konservativen Erbe väterlicherseits kam über die Mutter ein neues Element in die Familie. Dorothy von Moltke war die Tochter des Obersten Richters der Südafrikanischen Union, Sir James Rose Innes. Aufgewachsen in einem liberalen, weltoffenen Elternhaus, empfand sie die politischen und gesellschaftlichen Verhältnisse im wilhelminischen Obrigkeitsstaat als bedrückend. »Jemand muß die Mauer der Traditionen und Vorurteile einreißen und die Luft der Freiheit hereinlassen«, schrieb sie 1910. Anders als die meisten der junkerlichen Standesgenossen ihres Mannes weinte sie der Hohenzollernmonarchie 1918 keine Träne nach. Vielmehr begrüßte sie die Demokratie von Weimar als großen Fortschritt. Das war für die politische Bewusstwerdung des jungen Helmuth James von großer Bedeutung. Ohne die liberal-angelsächsische Prägung mütterlicherseits wäre sein späterer konsequenter Weg in den Widerstand gegen den Nationalsozialismus kaum denkbar gewesen.

Nach dem Abitur auf dem Potsdamer Realgymnasium 1925 studierte Helmuth James Rechts- und Staatswissenschaften in Breslau und Berlin. 1929 legte er das erste juristische Staatsexamen ab. Im Oktober 1931 heiratete er Freya Deichmann, Tochter eines Kölner Privatbankiers. Das junge Paar zog nach Berlin und erlebte hier die Machtübertragung an Hitler am 30. Januar 1933 – für Moltke »der Beginn einer Katastrophe erster Ordnung«. Da eine Anstellung im Staatsdienst für ihn nicht mehr in Frage kam, ließ er sich nach dem Referendarexamen 1934 als Rechtsanwalt in Berlin nieder. Wiederholt hielt er sich für längere Zeit in England auf und erwarb im Jahr 1938 auch hier die Zulassung zum Anwalt. Ganz auf die Britische Insel zu ziehen, dazu konnte er sich jedoch nicht entschließen.

Nach Beginn des Zweiten Weltkriegs wurde Moltke als Experte für Kriegs- und Völkerrecht zum Amt Ausland/Abwehr des Oberkommandos der Wehrmacht eingezogen. Er bemühte sich nach Kräften – allerdings zumeist erfolglos –, den Normen des Völkerrechts gegen eine barbarische Kriegführung Geltung zu verschaffen. In den Briefen, die er an Freya schrieb, stellte er immer wieder die Frage, die sich viele Deutsche angesichts der Massenverbrechen des Nationalsozialismus hätten stellen müssen: »Darf ich das erfahren und trotzdem in meiner geheizten Wohnung am Tisch sitzen und Tee trinken? Mach ich mich dadurch nicht mitschuldig?«

Im Sommer 1940, als Hitler sich nach dem Sieg über Frankreich im Zenit seiner Popularität befand, begann Moltke, mit seinem Freund Peter Yorck von Wartenburg einen Kreis von Gleichgesinnten um sich zu sammeln, um über die Möglichkeiten zu beratschlagen, die Gewaltherrschaft zu beseitigen. Das Besondere dieser Widerstandsgruppe, die später von der Gestapo den Namen »Kreisauer Kreis« erhielt, war, dass sie Menschen ganz unterschiedlicher politischer, konfessioneller und sozialer Herkunft vereinigte – Konservative und Sozialisten, Katholiken und Protestanten, Großgrundbesitzer und Gewerkschafter. In drei Zusammenkünften in Kreisau in den Jahren 1942 und 1943 verständigte man sich auf ein gemeinsames Programm für die Zeit nach Hitler, das in kompromissloser Abkehr vom nationalen Machtstaat und von seinen Exzessen eine grundlegende Neuordnung anstrebte. Ziel war eine europäische Konföderation, in der das deutsche Hegemonialstreben, das für zwei Weltkriege verantwortlich war, ein für alle Mal der Vergangenheit angehören sollte. Ebenso in die Zukunft wies die wirtschafts- und sozialpolitische Idee, einen dritten Weg zwischen sozialistischer Planwirtschaft und kapitalistischer Marktwirtschaft einzuschlagen.

Am 19. Januar 1944 wurde Moltke festgenommen, weil er einen Bekannten vor einer drohenden Verhaftung gewarnt hatte. Bis Ende September wurde er als Schutzhäftling im Konzentrationslager Ravensbrück festgehalten. Im Zuge ihrer Ermittlungen nach dem gescheiterten Staatsstreich vom 20. Juli 1944 stieß die Gestapo bald auf die zentrale Rolle, die Helmuth James von Moltke im Kreisauer Kreis gespielt hatte. Er wurde in die Strafanstalt Berlin-Tegel eingeliefert und im Verfahren vor dem Volksgerichtshof am 11. Januar 1945 zum Tode verurteilt. Zwölf Tage später wurde er in Plötzensee gehängt. In einem Abschiedsbrief an seine beiden Söhne, den Pfarrer Harald Poelchau aus dem Gefängnis schmuggeln konnte, schrieb er: »Ich habe mein ganzes Leben, schon in der Schule, gegen einen Geist der Enge und der Unfreiheit, der Überheblichkeit und der mangelnden Ehrfurcht vor Anderen, der Intoleranz und des Absoluten, erbarmungslos Konsequenten angekämpft, der in den Deutschen steckt und der seinen Ausdruck im nationalsozialistischen Staat gefunden hat.«

Vita

Helmuth James Graf von Moltke wurde 1907 als Sohn eines preußischen Adeligen und einer südafrikanischen Richtertochter in Kreisau, Schlesien, geboren. Von 1927 bis 1929 studierte er Rechts- und Staatswissenschaften in Breslau und Berlin. 1931 heiratete er, inzwischen Referendar beim Landgericht in Schweidnitz, die Jurastudentin Freya Deichmann. Das Paar lebte in Berlin, 1934 bestand Moltke sein Assessorexamen und arbeitete ab 1935 als Rechtsanwalt für Internationales Privatrecht. In den Jahren 1935 bis 1938 hielt er sich häufig in Großbritannien auf und schloss in London und Oxford ebenfalls eine Ausbildung zum Rechtsanwalt ab, um im Falle einer Emigration beruflich abgesichert zu sein. Außerdem knüpfte er hier politische Kontakte. 1939 wurde er als Kriegsverwaltungsrat in der Abteilung Ausland/Abwehr im Oberkommando der Wehrmacht (OKW) dienstverpflichtet. 1940 gründete er mit Peter Graf Yorck von Wartenburg eine Widerstandsgruppe, in der sich Regimegegner versammelten, die für eine rechtsstaatliche Ordnung im Sinne des Christentums und der sozialen

Gerechtigkeit eintraten. Den Nationalsozialisten wurden Moltkes Einstellung und Aktivitäten bekannt, und so wurde er im Januar 1944 schließlich verhaftet und in das Frauenkonzentrationslager Ravensbrück überführt. Einige Mitglieder des Kreisauer Kreises schlossen sich daraufhin der Gruppe um Claus Schenk Graf von Stauffenberg an und beteiligten sich am 20. Juli 1944 an dem erfolglosen Attentat auf Adolf Hitler. Moltke wurde im September 1944 nach Berlin gebracht und im Januar 1945 gemeinsam mit anderen Mitgliedern des Kreisauer Kreises zum Tode verurteilt, wenige Tage später im Gefängnis Berlin-Plötzensee gehängt.

Sophie Scholl

Man hat sie vielfach verkitscht. Doch ihr Leben ist nach wie vor ein Lehrstück über den Mut zu Erkenntnis und Selbsterkenntnis

Von Özlem Topçu

Müssen wir noch einmal an Sophie Scholl erinnern? Die Widerstandskämpferin feiern? Die junge Frau, Erzieherin, Philosophiestudentin, die mit ihrem Bruder und anderen Studenten der Weißen Rose im München des Jahres 1943 Flugblätter gegen die Nazis verteilte. Die als 22-jährige Frau dafür zum Tode verurteilt und hingerichtet wurde. Wie oft haben wir davon gehört! Und natürlich auch den Film gesehen, *Sophie Scholl – Die letzten Tage,* und uns über dieses weitere Denkmal gefreut. Und sie beweint.

Dennoch kann die Antwort nur lauten: »Ja.« Denn ihr Leben und ihre Tat fordern uns dazu heraus. Ihre Geschichte berührt uns immer wieder von Neuem. Wir bewundern sie, gerade weil *wir* wahrscheinlich nicht so gehandelt hätten wie sie.

Aber es ist nicht nur das Heldenhafte, das an der Figur der Sophie Scholl so fasziniert – sie ist eine Heldin, das ist gewiss. Doch sie war keine Lichtgestalt, sondern eine junge Frau, die zunächst auf die Verführungen der Nazis hereinfiel. Dann kamen die Zweifel, die Fragen, dann begann sie die große Lüge zu durchschauen und zog die Konsequenz aus dieser Erkenntnis.

Es ist ihr Handeln, das wir bewundern; Menschen wie sie ermutigen uns heute dazu, Widerstand zu leisten, gegen Unrecht zu opponieren. Dabei war eben nichts an ihr überirdisch, übermenschlich. Sie war ein ganz normaler Teenager. Obwohl oder gerade weil sie als jüngste Tochter der Familie sehr behütet in Ulm aufwuchs, rebellierte sie gegen die Eltern – so wie es Teenies nun einmal tun. Der Vater Robert Scholl, ein liberaler Politiker, stand den Nationalsozialisten von Anfang an ablehnend gegenüber, konnte sich aber gegen die einhellige Begeisterung seines Nachwuchses für die »neue Bewegung« nicht durchsetzen. Mutter Magdalena, eine gutmütige, aber sehr blasse Diakonisse, hatte noch weniger Einfluss auf die Kinder.

Sophie eiferte den älteren Geschwistern Inge und Hans nach, die sich für das neue Reich begeisterten und wie so viele andere von dem hohlen, uniformierten Jugend- und Führerkult korrumpiert wurden. Erst später, als Philosophiestudentin an der Münchner Universität, sollte sie Gauleiter Paul Giesler sagen hören, was die Nazis von deutschen Frauen erwarteten: Kinder zu gebären. Für Deutschland, für den »Führer«, für den Krieg.

Aber zunächst musste es zur Rebellion gegen die Eltern und deren Weltbild kommen: Sie ließ sich einsaugen vom faschistischen Gemeinschaftsideal und trat dem Bund Deutscher Mädel bei. Nachdem sie als 15-Jährige mehrere Wochen inhaftiert worden war, weil sie sich auch weiterhin in der Bündischen Jugend engagierte, schwand ihr Glaube an Hitler-Deutschland. Sophie begann, die Erziehung der Nazis zu hassen. All dieses Singen und Sporttreiben passiere doch nur, »damit niemand auf dumme Ideen kommt«, schrieb sie ins Tagebuch – also auf eigene.

Sophie Scholl und die anderen Widerstandskämpfer der Weißen Rose haben diese eigenen Ideen entwickelt. Die Grundlage für dieses mündige Denken war, dies ist die Ironie, in der Rebellion gegen die Eltern gelegt worden, die ja von Anfang an gegen die Nazis waren. Sophie Scholl musste zunächst quasi von rechts gegen die Eltern opponieren, um später die ganze Dummheit und Menschenverachtung der Nationalsozialisten für sich zu entlarven.

Bei der bloßen Entzauberung blieb es nicht. Sophie ging weiter und versuchte, Denken und Handeln in Übereinstimmung zu bringen – ein menschlicher, aber auch naiver Impuls zu einer Zeit, in der das lebensgefährlich werden konnte. Es war lebensgefährlich, Hunderte Briefmarken zu kaufen, um Flugblätter zu verschicken; es war gefährlich, »Nieder mit Hitler« an Häuserwände zu schreiben. Aber sie blieb dabei, auch als sie von der Gestapo verhaftet und verhört wurde: »Wenn die Frage an mich gerichtet wird, ob ich auch jetzt noch der Meinung sei, richtig gehandelt zu haben, so muss ich hierauf mit Ja antworten.«

Vita

Sophie Scholl wurde als Sophia Magdalena Scholl 1921 in Forchtenberg geboren, wo sie bis 1930 aufwuchs. Dann zog die Familie nach Ludwigsburg, 1932 nach Ulm. Wie viele Jugendliche begeisterten sich auch die Geschwister Scholl für die Freizeitangebote der Nationalsozialisten, und Sophie Scholl trat in den Bund Deutscher Mädel (BDM) ein. 1937 lernte sie ihren späteren Verlobten Fritz Hartnagel kennen, einen Leutnant in aktiver Offizierslaufbahn. Sie selbst begann 1940 eine Ausbildung am Ulmer Fröbel-Seminar zur Kindergärtnerin, in der Hoffnung, so dem Reichsarbeitsdienst (RAD) zu entgehen. Doch dieser Plan schlug fehl, und sie wurde einberufen. Während dieser Zeit las sie die Schriften des Augustinus, und dies sowie ihre Erlebnisse im RAD weckten ihre Ablehnung des NS-Regimes. Es kam zu ideologischen Konflikten mit ihrem von der russischen

Front nach Weimar versetzten Verlobten Fritz Hartnagel. Sophie Scholl begann 1942 in München Biologie und Philosophie zu studieren. Auch ihr Bruder Hans studierte in München und machte sie mit seinen Freunden Alexander Schmorell, Christoph Probst, Willi Graf, Carl Muth, Theodor Hecker und Kurt Huber bekannt. Im Juni und Juli 1942 verbreiteten Hans Scholl und Alexander Schmorell die ersten Flugblätter der studentischen Widerstandsgruppe ›Die Weiße Rose‹. Im August und September des gleichen Jahres musste Sophie Scholl Kriegsdienst in einem Ulmer Rüstungsbetrieb ableisten. Ende des Jahres bemühten sich die Studenten um Kontakte zu anderen Widerstandsgruppen, versuchten, ihre Aktivitäten auf andere Städte auszudehnen. Im Februar 1943 wurden die Geschwister Scholl beim Verteilen von Flugblättern im Lichthof der Münchner Universität vom Hausmeister festgehalten und der Gestapo überstellt. Am Tag darauf wurde Christoph Probst in Innsbruck verhaftet. Drei Tage später wurden die drei Studenten zum Tode verurteilt und noch am selben Tag mit der Guillotine enthauptet. Ihre Gräber befinden sich auf dem Friedhof am Perlacher Forst.

Jakob Fugger

Man muss die neueste Technik, man muss die Erfindungen der Zeit nutzen. Der große Fugger hat gezeigt, wie man das macht

Von Thomas Fischermann

Da wurde also vor 550 Jahren Jakob Fugger geboren, und bei der Zeitungslektüre kann man fast die Glocken läuten hören. »Er war ein Vorbild«, titelt die *Welt.* »Kreativität und Offenheit« bescheidet der *Bayernkurier* dem Jubilar. Dann kommt immer wieder dieselbe Geschichte von der Fuggerei. Dass der alte Jakob in seiner Heimatstadt 52 Sozialwohnungen eingerichtet habe. Dass er deswegen ein großer Sozialreformer gewesen sei. Und sowieso ein frommer Mensch.

Sollte man, ehrlich gesagt, schnell wieder vergessen. Der Fugger-Clan kontrollierte zeitweise an die zehn Prozent der gesamten Wirtschaftsleistung im Heiligen Römischen Reich Deutscher Nation. Sie waren weit und breit die größten Grundbesitzer, wichtigsten Bankiers, vernetztesten Händler, einflussreichsten Bergbauer. Die paar Sozialwohnungen, mutmaßt der Autor Günter Ogger in seiner etwas polemischen Fugger-Biographie *Kauf Dir einen Kaiser,* waren bloß ein »Propagandatrick, um ein schwebendes Verfahren wegen schwerer Vergehen gegen die Antimonopolgesetze zu unterlaufen«. Jedenfalls konnte Jakob der Reiche dergleichen aus der Portokasse bezahlen.

Aber apropos Portokasse. Was Jakob Fugger besaß – und was deutschen Unternehmern heute irgendwie abgeht –, ist eine ganz seltene Art von Kaufmannsgenie: Er hatte die Sache mit der New Economy im Griff. Der Mann erkannte, studierte und perfektionierte damals die fortschrittlichsten Dienstleistungstechnologien, und er setzte sie im großen Stile ein.

Jakob F. hat in der Montanbranche angefangen. Er ließ Silber in den Tiroler Alpen schürfen und später Kupfer in Oberungarn. Er schuf Monopole und manipulierte die Preise – was besonders gut funktioniert, wenn man stets rundum informiert ist. Er verlieh riesige Geldsummen an Regenten, die eine teure Leidenschaft für Kanonen und große Söldnerheere pflegten, und im Gegenzug erhielt der Fugger stets weitere Silberschürfrechte oder neue Handelsprivilegien. Toll also, guten Zugang zu Nachrichten von der Front zu haben.

Man kann recht weit gehen und sagen: Das Erfolgsgeheimnis Jakob Fuggers lag in der Kommunikation und Datenverarbeitung. Er pflegte die beste Finanzbuchhaltung weit und breit, die nach venezianischem System, ein echter Durchbruch in der Bürotechnik.

Über die Fuggerschen Faktoreien in Venedig, Mailand, Nürnberg oder Antwerpen organisierte er den Geldverkehr und den Austausch von Briefen und Warenmustern, Wertpapieren und Edelsteinen. Er hielt Kontakt. Er betrieb Networking mit Kaufleuten und Kirchenmännern, mit Politikern und Feldherren.

Mit Hilfe der Post übrigens. Die war damals neu. Maximilian I. hatte sie aufgebaut, ein alter Buddy von Jakob und zudem der Regent in Tirol. Maximilian holte 1490 den Fuhrunternehmer von

Taxis nach Innsbruck, der einen Kurierdienst nach Antwerpen einrichtete. 1515 bekam Augsburg die erste Postmeisterei auf deutschem Boden.

Man muss also sagen: Jakob Fugger hat etwas gemacht aus den Geschäftschancen und der Spitzentechnik seiner Zeit. Und heute kann man sich ja umschauen in Deutschland. Da tobt eine technologisch-wirtschaftliche Revolution; Computer, Internet, Mobilfunk. Brave deutsche Physiker und Ingenieure haben einiges beigetragen, aber wo sind die Unternehmen, die absahnen? In den USA, in Finnland sogar und zum Teil noch in Fernost. An einem Fraunhofer-Institut wurde der MP3-Standard zur Musikkompression miterfunden, aber das Riesengeschäft mit dem iPod haben sie dann in Kalifornien gemacht.

Jakob Fugger, das sei jetzt mal einfach spekuliert, wäre das wohl nicht durchgegangen.

Vita

Jakob Fugger wurde 1459 als eines von zehn Kindern des wohlhabenden Webers und Bürgers Jakob Fugger d. Ä. in Augsburg geboren. Die älteren Brüder sollten das Familienunternehmen übernehmen, Jakob d. J. eine kirchliche Laufbahn einschlagen. 1473 hielt er sich jedoch nachweislich in Venedig auf, wo er die Firma vertrat, und ab 1485 leitete er die Niederlassung der Firma in Innsbruck, führte von hier die Geschäfte in Tirol und entlang der südlichen Handelsroute in Italien. In diesem Jahr lieh er dem Tiroler Landesherrn erstmals Geld, im Folgejahr bezeichnet der Augsburger Rat seine Firma bereits als »Bank«. Fugger kehrte 1487 nach Augsburg zurück und übernahm die Leitung der Firmengeschäfte. Er erhielt 1488 in Tirol Rechte an Erträgen aus dem Bergbau, und bald lief der gesamte Tiroler Silberhandel über das Haus der Fugger, die aus diesen Geschäften enorme Gewinne schlugen. In den nächsten Jahren erarbeitete Fugger seiner Handelsgesellschaft das Monopol im Bergbau und Erzhandel und wurde zum führenden Bankier in Europa. 1500 wurden die Fugger Bankiers der Päpste und wickelten den Ablasshandel der Kirche ab. Außerdem finanzierten sie in diesen Jahren die Anwerbung der päpstlichen Schweizergarde. 1505/06 beteiligten sich die Fugger an der ersten europäischen Handelsfahrt nach Ostindien. 1509 begann der Bau der Fugger-Kapelle in der Augsburger St. Anna-Kirche, die 1518 geweiht wurde. 1511 wurde Jakob Fugger in den Adelsstand erhoben, 1514 zum Reichsgrafen ernannt. In diesem Jahr begann er die Planung einer Siedlung mit Sozialwohnungen in Augsburg, die sogenannte Fuggerei, die 1523 fertiggestellt wurde und in der bis heute sozial Schwache für eine sehr geringe Miete wohnen. 1519 finanzierte er als wichtigster Kreditgeber des Hauses Habsburg die Wahl des spanischen Königs Karl zum Kaiser. Jakob Fugger starb 1525 als einer der reichsten Männer Europas. Er wurde in der Fuggerschen Familiengrabstelle in der Kirche St. Anna in Augsburg beigesetzt.

Martin Luther

Der Mensch kann sich ändern, die Welt sich erneuern – sprichst du nur das eine kleine Wörtlein: Nein

Von Christoph Dieckmann

Ich stamme aus Lutherland. Mein Vater war Pfarrer in Sangerhausen am Südharz. 1979 kam Westbesuch, eine Abordnung der evangelischen Partnergemeinde aus Steinheim am Main. Die Ärmsten vegetierten dort fern von Luther. Deshalb führte Vater sie an etliche St.-Martins-Stätten – nach Eisleben, wo Luther 1483 geboren wurde und 1546 starb, und ins Mansfelder Elternhaus.

Dort prangte an der Wand ein historischer Stich: Luthers Lebenswende. 2. Juli 1505, Gewitter bei Stotternheim. Luthers Freund Alexius, vom Blitz gemordet, liegt à la fromme Helene verkokelt im Acker. Luther, panisch, gelobt der heiligen Anna, im Falle seiner Rettung Mönch zu werden. Vater erklärte die Szene zur Legende. Falls überhaupt, sei Luthers Freund in einem anderen Gewitter gestorben. Flammender Protest! Nein!, rief eine Glaubensschwester. Nein, Herr Pfarrer! Es war wie auf dem Bilde! Meinen Luther lass ich nicht!

»Meinen Jesum lass ich nicht«, so beginnt ein evangelischer

Choral. Die Episode mag illustrieren, dass Luther als protestantischer Heiliger gilt und als volksgeschichtliche Ikone. Der hämmernde Mönch von Wittenberg, der Trutzheld von Worms, der Ahnvater des protestantischen Pfarrhauses – bildstark lässt sich erzählen, wie dieser sächsische Augustiner die europäische Neuzeit auslöste. Aber was bleibt, was ist Luthers Erbe?

Zum einen seine Sprache, dieses zartbrausend orgelnde Deutsch, in dem das himmlische Jerusalem über thüringischen Äckern leuchtet. Gibt es ein größeres Stück deutscher Literatur als Luthers Übersetzung des 90. Psalms? »... der du die Menschen lässest sterben und sprichst: Kommt wieder, Menschenkinder!« Mein Petersdom ist die Wartburg – eine Arche, die hoch auf heimatlichen Wäldern schwimmt. Sie birgt eine Kajüte, in welcher der *writer in residence* M. L. 1521 das Neue Testament verdeutschte. Doch derselbe Luther, dessen Choräle das Fliegen und Lieben lehren, hat auch säuische Hetzpostillen in die Welt gejagt: *Von den Juden und ihren Lügen* oder sein Nun-haut-und-schlagetalles-tot *Wider die räuberischen und mörderischen Rotten der Bauern.*

So gilt auch für den Unheiligen Martin die Mahnung aus Paulus' erstem Brief an die Thessalonicher: »Prüft aber alles, und das Gute behaltet.« Ich behalte Luthers Goldene Regel, die Doppelbestimmung christlichen Lebens als Freiheit und Verantwortung. »Ein Christenmensch ist ein freier Herr über alle Dinge und niemandem untertan. Ein Christenmensch ist ein dienstbarer Knecht aller Dinge und jedermann untertan.«

Gestorben ist Luther mit den Worten: »Wir sein pettler. *Hoc est verum.*« Wir sind Bettler. Das ist wahr, im Verhältnis zu Gott. Postum wurde Luther sehr irdisch instrumentalisiert, zuletzt als arischer Glaubensführer der Deutschen Christen. Das staatsfromme Bündnis von Thron und Altar war bereits in seinem Leben angelegt. Der Reformator und das protestantische Bekenntnis bedurften politischer Protektion. Markant zeigt das in Worms Ernst Rietschels Skulpturenpark von 1868. Luther ragt, umgeben von Genossen, zu denen nicht nur Melanchthon und Bugenhagen zählen, sondern auch sein kursächsischer Schutzfürst Friedrich der Weise und Philipp von Hessen. Dem hatte Luther opportunistisch die Zweitfrau gesegnet, auf dass ihm Philipp huldig bleibe.

Bis heute wird Deutschland vom konfessionellen Limes gequert. Auf Reisen besuche ich meistens katholische Kirchen, denn der Protestantismus verschließt alltags seine Gotteshäuser. Außerdem tendiert er zur unsinnlichen Intellektualität, zur metaphysischen Dürre. (Liebe Frau Käßmann, ändern Sie das?) Etliche Filme des Pastorensohns Ingmar Bergman, besonders *Fanny und Alexander,* und jüngst Michael Hanekes *Das weiße Band* zeigen eine autoritäre, lutherisch gewandete Gewissensfolter, die Luthers Freiheit zurück in die Seelenknechtschaft zerrt. Ich erfuhr es anders. Auf meine kindliche Frage, was uns von den Katholiken unterscheide, sprach Vater nicht über Papst oder Abendmahl. Der Beichtzwang, sagte er. Alle Sünden persönlich beichten, begangen in Gedanken, Worten und Werken – Junge, das schafft keiner, das macht den Menschen kaputt.

Die Beichte im evangelischen Gottesdienst ist Stille, sodann ein kollektives Vergebungsgebet. Ich höre noch das Murmeln der bäuerlichen Gemeinde, angeführt von Vaters Stimme: »... sie sind mir aber alle herzlich leid und reuen mich sehr.« Auf diese Befreiung baut der lutherische Cantus firmus *Ein feste Burg:* »Der Fürst dieser Welt / wie saur er sich stellt / tut er uns doch nicht / das macht, er ist gericht' / ein Wörtlein kann ihn fällen.«

Dieses Wörtlein enthält mir den ganzen Luther. Es lautet: Nein. Damit beginnt jede Emanzipation.

Vita

Martin Luther wurde 1483 als Sohn eines Hüttenmeisters in Eisleben geboren und wuchs in Mansfeld auf. Von 1501 bis 1505 studierte er an der Universität Erfurt und begann dann auf Wunsch seines Vaters ein Jurastudium, brach dieses aber ab und trat 1505 in das Kloster der Augustiner-Eremiten in Erfurt ein. Hier wurde er 1507 zum Priester geweiht und nahm 1508 ein Theologiestudium in Wittenberg auf, das er 1512 mit einer Promotion abschloss. Er wurde anschließend zum Prediger berufen, war als Subprior stellvertretender Klosteroberer, als Distriktsvikar wurde er 1515 Mitglied der Ordensleitung. Außerdem hielt er als Professor für Bibelexegese Vorlesungen, von denen Redemanuskripte erhalten sind und anhand derer sich seine theologischen Überlegungen zur Gnade Gottes und der Freiheit des Christenmenschen nachvollziehen lassen. 1516 predigte Luther erstmals öffentlich gegen den Ablasshandel der Kirche, im Oktober 1517 veröffentlichte er seine »95 Thesen«. Diese Thesen fanden großen öffentlichen Widerhall und bedeuteten faktisch den Beginn der Reformation. 1518 wurde Luther von der Kurie der Ketzerei angeklagt und nach Rom vorgeladen. Mit Unterstützung des sächsischen Kurfürsten Friedrich dem Weisen gelang es durchzusetzen, dass Luther auf deutschem Boden verhört wurde. Die Verhandlung verlief ergebnislos. Im Januar 1519 starb Maximilian I., und die Kirche ließ aus politischen Gründen den Prozess gegen Luther ruhen, bis Karl I. im Juni zum Kaiser gewählt war. Nach einer Diskussion in Leipzig, die Luthers gegensätzliche Haltung erneut deutlich machte, erließ Papst Leo X. die Bulle ›Exsurge Domine‹, die Luther mit dem Ausschluss aus der Kirche drohte. Luther widerrief jedoch nicht, sondern antwortete mit einer Gegenschrift und verbrannte die Bulle zusammen mit den päpstlichen Dekretalen vor dem Wittenberger Elstertor. Zuvor waren seine reformatorischen Programmschriften »An den christlichen Adel deutscher Nation«, »Von der babylonischen Gefangenschaft der Kirche« und »Von der Freiheit des Christenmenschen« erschienen. Die päpstliche Bannbulle ›Decet Romanum Pontificem‹ trat 1521 in Kraft, und der Theologe wurde exkommuniziert. 1521 verteidigte Luther seine theologischen Positionen vor dem Reichstag von Worms und lehnte auch vor diesem Gremium den Widerruf ab. Es wurde über ihn und seine Anhänger im Wormser Edikt die Reichsacht verhängt. Die Soldaten des Kurfürsten entführten den Kirchenmann daraufhin zu seinem eigenen Schutz auf die Wartburg, wo er sich zehn Monate als ›Junker Jörg‹ versteckt hielt. In dieser Zeit übersetzte er das Neue Testament ins Deutsche und machte damit erstmals biblische Inhalte dem Volk in dessen Sprache zugänglich. 1522 kehrte Luther anlässlich des Wittenberger Bildersturms nach Wittenberg zurück und überzeugte die Bürger von maßvollen Reformen. 1524 gab er sein Dasein als Mönch auf und heiratete im Juni 1525 die ehemalige Nonne Katharina von Bora, mit der er sechs Kinder hatte. Im Oktober 1525 hielt er die erste Deutsche Messe ab, die ab Weihnachten Usus wurde, und reformierte die Liturgie des Gottesdienstes. Im Juni 1530 legten die protestantischen Kirchenstände die ›Confessio Augustana‹ vor, die von Kaiser Karl anerkannt wurden. Der Reformator lebte in dieser Zeit auf der Veste Coburg, wo er 1534 seine Bibelübersetzung abschloss. Martin Luther starb 1546 in Eisleben, sein Grab befindet sich in der Wittenberger Schlosskirche.

Johann Wolfgang von Goethe

»Werther« und »Faust« sind genug gepriesen. Noch zu entdecken bleibt der Klassiker als begeisterter Vordenker und Dichter der ost-westlichen Einheit

Von Benedikt Erenz

Wenn eines fernen Tages im Jahre 2032 oder 2049 eine besonders assimilationsfreudige deutsch-islamische Gemeinde auf die Idee käme, ihr Gotteshaus Goethe-Moschee zu nennen, wäre das gewiss keine abwegige Wahl. Dem Namenspatron jedenfalls, so darf man vermuten, würde sie gefallen. Denn in keine andere Religion und Kultur jenseits der christlichen hat sich der Dichter so intensiv und so intensiv sympathisierend vertieft wie in die islamische, wie in alles, was orientalisch ist. Zwar hat er selber kaum mit dem Gedanken gespielt zu konvertieren. Dazu war ihm seine eigene Religion, die Poesie, viel zu teuer. Aber nichts fiel ihm schwerer, als den Auftrag seines Herzogs zu erfüllen und ausgerechnet Voltaires *Mahomet* ins Deutsche zu übersetzen und für das Weimarer Theater einzurichten. Das Stück des großen Franzosen, der auch hier, wie so oft, über Bande schrieb, indem er den islamischen Fanatismus geißelte, jede Art von religiösem Fundamentalismus aber meinte, blieb Goethe fremd.

Seit Jugendjahren hatte er sich mit der islamischen Welt, mit dem Propheten selbst und dem Koran beschäftigt. Da waren zunächst die *Märchen aus Tausendundeiner Nacht.* Sie haben den Siebenjährigen begeistert und noch den Siebzigjährigen inspiriert; Scheherazade verehrte er als die Mutter aller Erzählkunst. Wer die wunderliche Struktur der späten *Wanderjahre* begreifen, wer etliche Motive in *Faust II* von ihrem Ursprung her nachvollziehen will, der muss dieses Vorbild kennen. Aber schon eines der ganz frühen Stücke, *Die Laune des Verliebten,* spielt mit Motiven aus dem großen Märchenbuch.

Am liebsten hätte der junge Goethe wohl in Göttingen Philologie studiert, nicht zuletzt bei dem Orientalisten Johann David Michaelis, doch der Vater schickte ihn zum Jurastudium nach Leipzig. Hier lebte Johann Jakob Reiske, der damals bedeutendste deutsche Kenner der islamischen Welt. Durch ihn dürfte Goethe mit der Dichtung Al-Mutanabbis bekannt geworden sein und anderer arabischer Dichter. Wenig später befeuerte ihn Herder in seiner Begeisterung für alles Orientalische. Mit wahrer Wissbegier, fast obsessiv verfolgte Goethe zeitlebens die Nachrichten aus dem Orient, verschlang die einschlägige Reiseliteratur und die neuesten Übersetzungen. Auch die vorislamische Dichtung der Araber beschäftigte ihn, auch die persischen Meister – und immer wieder der Koran, der ihn gleichermaßen abstieß wie lockte. Es war für ihn ein »heiliges Buch … das uns, so oft wir auch daran gehen, immer von neuem anwidert, dann aber anzieht, in Erstaunen setzt und am Ende Verehrung abnötigt«.

Schönste Frucht seiner Liebe zum Orient bleibt der *West-östliche Divan,* seine große Herzenskunde, Huldigung an die geliebte Marianne von Willemer, die selber einige Gedichte zum *Divan* beigesteuert hat. Die deutsch-amerikanische Germanistin Katharina Mommsen, die viele Jahre im kalifornischen Stanford lehrte, hat 1988 in ihrem grandiosen Buch *Goethe und die arabische Welt* auch die Genese dieses morgenabendländischen Wunderwerks minuziös beschrieben. Ihr Buch zeigt uns, warum es Goethe war und sein musste, der als Erster von »Weltliteratur« sprach, der dieses Wort erfand.

Ja, man mag den Dichter für vieles bewundern. Für seine Kunst, versteht sich, vom *Werther* bis zum *Faust*. Für sein Leben, für seine Fähigkeit, sich immer wieder zu verwandeln, sich der Versuchung, erwachsen zu werden und zu erstarren, zu entziehen und in immer neuen Pubertäten zu erblühen und zu erglühen – bis zuletzt, als der 72-Jährige der 17-jährigen Ulrike von Levetzow verfällt, als alter Narr noch und wieder ein göttlicher Dichter der Liebe und des Glücks. Doch mit Blick auf morgen, auf die Welt, wie sie zusammenwächst und -wuchert, sei auch der Mann gepriesen, der versuchte, eine andere Religion und Kultur ganz zu verstehen und der eigenen anzuverwandeln. Der ohne jedes Vorurteil dem Sinn des vermeintlich Fremden nachspürt und erkennt, wie das eine dem anderen zugehört.

Hundertmal um die Welt geflogen, aber nie aus Hamburg-Eppendorf, aus Berlin-Charlottenburg herausgekommen – dieser spezifische Provinzialismus der deutschen Eliten ist für unser Land eine besondere Last. Goethes Souveränität, die Fremde zu durchdringen und sie selbsterforschend-nachempfindend zu begreifen, mag da helfen und Übungen zeigen, sich global ein wenig zu lockern. Denn: »Wer sich selbst und andre kennt / wird auch hier erkennen: / Orient und Occident / Sind nicht mehr zu trennen.«

Vita

Johann Wolfgang Goethe wurde 1749 in Frankfurt am Main geboren. Von 1765 bis 1768 studierte er auf Wunsch des Vaters in Leipzig Jura, begeisterte sich jedoch eher für die Poetikvorlesungen von Christian Fürchtegott

Gellert und seinen privaten Zeichenunterricht. Ein Blutsturz zwang den 19-Jährigen, das Studium abzubrechen und nach Frankfurt zurückzukehren. 1770 ging er nach Straßburg, um sein Studium zu beenden. Hier begegnete er Johann Gottfried Herder, dessen Verständnis von Poesie und Sprache entscheidenden Einfluss auf ihn hatte. 1771 kehrte er nach Frankfurt zurück, wo er sich als Anwalt niederließ. Doch mehr als für seine Kanzlei interessierte er sich für die Dichtung. 1773 veröffentlichte er im Selbstverlag das Drama »Götz von Berlichingen«, das mit allen dramatischen Regeln brach und als Gründungsdokument des ›Sturm und Drang‹ gilt. 1774 verfasste er nach einer unglücklichen Affäre den Briefroman »Die Leiden des jungen Werther«, der ihn weltberühmt machte. Auch mit dem Faust-Stoff beschäftigte er sich erstmals. Nach einer Reise durch die Schweiz nahm er 1775 die Einladung von Carl August von Sachsen-Weimar-Eisenach an und wurde Mitglied des Beratergremiums des jungen Herzogs, 1779 erhielt er den Titel des Geheimrats, wurde 1782 in den Adelsstand erhoben. Neben seiner Tätigkeit im Staatsdienst in Weimar widmete Goethe sich weiterhin der Dichtung; es begann sich in seinen Texten das klassische Formenideal durchzusetzen. Beflügelt durch die ihm anvertraute Oberaufsicht über den Ilmenauer Bergbau begann er um 1780 außerdem, sich mit Geologie, Mineralogie, Botanik und Osteologie zu beschäftigen. 1786 brach er zu einer Bildungsreise nach Italien auf. Nach zwei Jahren kehrte er nach Weimar zurück und ließ sich von seinen amtlichen Pflichten entbinden, behielt lediglich die Leitung der Ilmenauer Bergwerkskommission und übernahm 1791 die Direktion des Weimarer Hoftheaters. Seit 1788 unterhielt er eine Beziehung mit der jungen Christiane Vulpius, mit der er mehrere Kinder hatte, die er jedoch erst 1806 heiratete. 1794 begann die Zusammenarbeit mit Friedrich Schiller an der Zeitschrift ›Die Horen‹, aus der sich die Freundschaft der beiden Dichter entwickelte. Gemeinsam prägten sie einen Stil, der als Epoche der Weimarer Klassik in die Literaturgeschichte einging. 1808 erschien der erste Teil des »Faust«, der nicht nur den befreundeten Romantikern in Jena als Gipfel der ›modernen‹ Dichtung galt. 1810 veröffentlichte Goethe seine »Farbenlehre«, 1811 bis 1814 erschienen die ersten drei Teile seiner Autobiographie »Aus meinem Leben. Dichtung und Wahrheit«. 1816 starb Goethes Ehefrau Christiane, im Folgejahr gab er die Leitung des Hoftheaters ab. 1819 erschien die Gedichtsammlung »West-östlicher Diwan«, 1830 schloss er den zweiten Teil des »Faust« ab. Johann Wolfgang von Goethe starb 1832 in Weimar und wurde in der Fürstengruft auf dem Historischen Friedhof neben Friedrich Schiller bestattet.

Friedrich Fröbel

Selbstbewusst und froh sollen die Kinder sein, im Spiel die Welt entdecken. Fröbels Konzepte inspirieren die Pädagogen bis heute

Von Thomas Kerstan

»Mein rechter, rechter Platz ist frei. Ich wünsche mir den Friedrich Fröbel herbei!«

»Als was soll ich kommen?«

»Als Längetäfelchen!«

Klack, klack, klack, klack, klack …

Friedrich Fröbel hat der Welt nicht nur den Kindergarten geschenkt, sondern auch eine Reihe sogenannter Spielgaben: einfache Gegenstände wie Kugel, Würfel, Kegel – und eben die Längetäfelchen: fünf Zentimeter lange, zweieinhalb Zentimeter breite und eineinviertel Zentimeter tiefe Bauklötze aus Holz. Aus acht Längetäfelchen können Kinder einen Würfel zusammensetzen. Sie können auch Burgen oder Schiffe daraus bauen. Oder eine Schlange aus hochkant aneinandergereihten Klötzchen und sich an der Kettenreaktion erfreuen, die sich durch das Kippen des ersten Klötzchens auslösen lässt.

Die heutzutage oft technokratisch geführte Bildungsdebatte

weckt Sehnsucht nach einem Typen wie Friedrich Fröbel. Ein Mann mit einem solchen Lebenslauf hebt sich aus der Masse der grauen Pädagogenmäuse heraus: Sechstes Kind eines Pfarrers, im ersten Lebensjahr stirbt die Mutter. Schwere Kindheit, Studienabbruch, Arbeit als Feldmesser, mit dem Lützowschen Freikorps bei zwei Feldzügen gegen Napoleon, Studium der Naturwissenschaften.

Dazu seine Stationen als Pädagoge: Lehrer an Pestalozzis Musterschule, Arbeit als Hauslehrer und Lehrerausbilder, Gründer und Leiter eines Internats, mehrerer Privatschulen und schließlich einer »Pflege-, Spiel- und Beschäftigungsanstalt« für Kleinkinder, die er später in »Kindergarten« umbenennt. Auch als Verfasser etlicher bildungstheoretischer Schriften tritt er in Erscheinung – und eben als Entwickler von Spielmaterial mit pädagogischem Anspruch.

An Fröbel fasziniert, dass er seinen eigenen Weg ging und dabei schon vor zweihundert Jahren erkannte, was heute in der Debatte um Bildung und Erziehung als neuester Schrei gilt: die Bedeutung der frühkindlichen Bildung für das Gelingen des Nachwuchses.

Friedrich Fröbel ist nicht etwa Verfechter des »freien Spiels«, als dessen Kronzeuge er der Reformpädagogik des 20. Jahrhunderts herhalten musste. Er plädiert für das Spiel unter Anleitung von Erwachsenen und kreiert damit gleichzeitig einen neuen Beruf: den der Kindergärtnerin, einer Art professionellen Mutter.

Bei Fröbel wird lebendig, was heute oft mit dem schwammigen Begriff der ganzheitlichen Erziehung erschlagen wird: Der Nachwuchs arbeitet praktisch im Garten, beim angeleiteten Spiel geht er emotionale Bindungen ein, beim Umgang mit wohlgeformten Spielgaben bekommen die Kinder ein Gefühl für Schönheit, und sie erkennen Raum-, Zahlen-, Zeit- und Bewegungsverhältnisse.

Der Pädagoge folgte dabei der von ihm entwickelten Philosophie des »Sphärischen«, in die viele seiner Erfahrungen und Erkenntnisse aus der Mathematik und den Naturwissenschaften einfließen, die aber letztlich normativ-metaphysisch ausgerichtet ist. Die Erziehung soll jeden Menschen dazu befähigen, handelnd und reflektierend die Welt, den göttlichen Plan – und letztlich sich selbst zu erkennen.

Das Konzept des Kindergartens hat noch zu Fröbels Lebzeiten weltweite Verbreitung gefunden, und das Wort »Kindergarten« überstrahlt als eines der schönsten und erfolgreichsten deutschen Exportwörter solche zweifelhaften Welterfolge wie »Weltschmerz«, »Angst« und »Blitzkrieg«.

Der Schöpfer dieses wunderbaren Wortes wird nicht zuletzt als Sprachpfleger dringend gebraucht. Ungetüme wie »Kita« und »Erzieherin« haben sich im frühkindlichen Bildungsraum breitgemacht. Sie müssen wieder dem wohlklingenden »Kindergarten« und der charmanten »Kindergärtnerin« Platz machen!

Vita

Friedrich Fröbel wurde 1782 als Sohn eines Pfarrers in Oberweißbach, Thüringen, geboren. Er absolvierte von 1797 bis 1799 eine Forst- und Geometerlehre, studierte anschließend Naturwissenschaften in Jena. Von 1802 bis 1803 arbeitete er als Forstamtsaktuar, danach als Privatsekretär auf Gut Groß-Miltzow bei Neubrandenburg. 1806 wurde er Hauslehrer der Familie von Holzhausen in Frankfurt am Main, lebte von 1808 bis 1810 mit den Söhnen der Familie in Pestalozzis Institut in Iferten/Yverdon. Im Anschluss begann er ein Studium der alten Sprachen, der Physik, Chemie und Mineralogie in Göttingen und studierte ab 1812 in Berlin, verließ die Universität jedoch ohne Abschluss. 1813/14 diente er im Lützowschen Freikorps und nahm an zwei Feldzügen gegen Napoleon teil. Danach wurde er Assistent am Mineralogischen Institut der Universität Berlin. 1816 zog er zugunsten der Kinder seines verstorbenen Bruders nach Griesheim bei Arnstadt, wo er ein Landerziehungsheim gründete, das er im Folgejahr nach Keilhau bei Rudolstadt verlegte. 1818 heiratete er Henriette Hoffmeister, die Ehe blieb kinderlos. 1820 erschien die erste Keilhauer Werbeschrift ›An unser deutsches Volk‹, 1826 legte Fröbel sein Hauptwerk »Die Menschenerziehung« vor. Von 1831 bis 1836 arbeitete der Pädagoge in der Schweiz, ließ sich 1837 in Blankenburg nieder und begann mit der Entwicklung und Herstellung von Kinderspielzeug. Außerdem gründete er die erste ›Anstalt zur Pflege des Beschäftigungstriebes der Kindheit und Jugend‹, im Juni 1840 erfolgte die Stiftung des ›Allgemeinen Deutschen Kindergartens‹. 1844 publizierte Fröbel sein letztes großes Werk, »Mutter- und Koselieder«. In den Folgejahren reiste er viel, um seine Kindergartenidee zu verbreiten, gründete 1849 die ›Anstalt für allseitige Lebenseinigung durch entwickelnd-erziehende Menschenbildung‹ in Bad Liebenstein. 1851 heiratete er seine ehemalige Schülerin Luise Levin. Friedrich Fröbel starb 1852 in Marienthal und wurde auf dem Schweinaer Friedhof beigesetzt.

Konrad Adenauer

Sein Bild hat sich längst verklärt: In Umfragen steht der Übervater der Republik auf Platz eins. Er selbst hielt sich ebenfalls für unersetzbar

Von Dieter Buhl

Seine Beurteilung der aktuellen Zeitläufte ließe sich unschwer erahnen, der erhobene Zeigefinger inklusive. Wie Konrad Adenauers berühmter Ausspruch »Die Lage war noch nie so ernst« keine Legende ist, sondern in vielfältiger Variation beinahe zum Leitmotiv seiner Kanzlerschaft wurde, fiele gewiss auch sein Verdikt zur derzeitigen Finanz- und Wirtschaftskrise aus: warnend, eindringlich warnend.

Aber fände er auch Gehör? Das ist durchaus möglich, trotz veränderter Umstände. Als 73-Jähriger mit formenden Erfahrungen im Preußischen Staatsrat und auf dem Posten des Kölner Oberbürgermeisters war Adenauer bereits als Patriarch ins Kanzleramt gelangt. Die Westdeutschen beeindruckte die respektheischende Patina, außerdem waren sie noch nicht völlig geheilt vom Glauben an die Obrigkeit. Heute hätte es der Greis im höchsten Regierungsamt schwerer, Autorität zu gewinnen. Sein bescheidener Wortschatz wäre der Mediengesellschaft nicht gewachsen, und selbst seine überaus robuste Natur müsste vor den Anstrengungen des mobilen Führens in der Ägide der Globalisierung wohl kapitulieren (aus dem Mittagsschläfchen zu Hause in Rhöndorf würde nichts).

Und doch ... Beharrlichkeit unter Druck wäre ein Plus, Altersweisheit, gepaart mit List und Tücke, könnte Resonanz finden. Ein Kanzler muss keinen Heiligenschein tragen, er muss erfolgreich sein. Und das war Konrad Adenauer. Seine Bemühungen um die deutsch-französische Freundschaft wie um die Aufnahme und Verankerung Westdeutschlands in der atlantischen Welt zeugen von Geschmeidigkeit und Durchsetzungswillen; sein Ringen um Wiedergutmachung an den Juden beweist Einsicht und Einfühlungsvermögen; die umstrittene Gründung der Bundeswehr verlangte Mut.

Das alles sind Tugenden, die in der Politik nach wie vor gebraucht und doch häufig vermisst werden. Die heute womöglich komplizierteren Zeiten sind keine Entschuldigung. Auch vor dem Großvater der Republik lag nicht immer eine leichte Strecke. Er hat sie gemeistert mit bekennend einfachem Denken (vulgo für gesunder Menschenverstand) und blendenden Instinkten. Sein Misstrauen in die politische Reife des deutschen Volkes hat ihn häufig mit Vorsicht agieren lassen. »Keine Experimente« mag sich als Losung heutzutage wirklich nicht empfehlen, einleuchtend ist es dennoch. Weil »der Alte« überzeugt war, so zu denken und zu fühlen wie der Großteil der Deutschen, wusste er: Das Wahlvolk will von der Politik nicht überfordert werden. Und diese Einsicht gilt weiterhin (siehe zum Beispiel die Aufregung um die Agenda 2010).

So behutsam Adenauer mit den Wählerinnen und Wählern umging, so gnadenlos begegnete er oft genug den politischen Gegnern, den Sozialdemokraten zumal. Vor schändlichen Unterstellungen scheute er sich nicht, Boshaftigkeit gehörte zu seinem Repertoire. Im 17. Deutschen Bundestag fiele er zweifellos unangenehm auf. Das wäre für ihn wahrscheinlich kein Grund, in Sanftmut zu verfallen, denn den Kampf in der Politik fand er »schön, vor allem, wenn man Erfolg hat«. Und hatte er nicht recht? Härte im politischen Wettstreit kann durchaus für mehr Klarheit sorgen, sie muss ja nicht unbedingt in Infamie (»Brandt alias Frahm«) umschlagen.

Trotz seiner persönlichen Unebenheiten hat sich das Bild Konrad Adenauers längst verklärt. Er ist der beliebteste Deutsche. Dabei spielte es keine Rolle, dass er sich schon im fünften seiner 14 Amtsjahre nachweislich für unersetzbar hielt: »Mein Gott, was soll aus Deutschland werden, wenn ich nicht mehr bin.« Nun, es ist eine ganze Menge daraus geworden. Auch dank der Starthilfe des ersten Kanzlers der Bundesrepublik.

Vita

Konrad Adenauer wurde 1876 als Sohn eines katholischen Kanzleirats in Köln geboren. Nach dem Abitur studierte er in Freiburg im Breisgau, München und Bonn Rechtswissenschaften und Volkswirtschaft, machte anschließend Referendariat in Köln. 1901 wurde er Gerichtsassessor, arbeitete danach in einer privaten Kanzlei, dann als Hilfsrichter beim Landgericht Köln. 1905 trat er in die katholische Zentrumspartei ein und wurde 1906 zum Beigeordneten der Stadt Köln gewählt. 1909 wurde er Erster Beigeordneter und 1917 jüngster Oberbürgermeister einer deutschen Großstadt. Von 1921 bis 1933 war er Präsident des Preußischen Staatsrats. 1933 war er nicht bereit, den aus Berlin angereisten Reichskanzler Adolf Hitler zu empfangen und ließ die Hakenkreuzfahnen auf der Deutzer Brücke entfernen. Im gleichen Jahr wurde Adenauer durch den NS-Gauleiter als Kölner Oberbürgermeister abgesetzt. Ab 1935 lebte der Politiker zurückgezogen in Rhöndorf. Nach Kriegsende amtierte er von Mai bis Oktober 1945 wieder als Oberbürgermeister seiner Heimatstadt. Im Februar 1946 wählte ihn die rheinische CDU zum Landesvorsitzenden, im Juli wurde er Fraktionsvorsitzender der CDU im Landtag von Nordrhein-Westfalen. 1948 wurde er Präsident des Parlamentarischen Rates in Bonn, der über die Verfassung für Westdeutschland beriet. Im folgenden Jahr wurde er Mitglied des Deutschen Bundestages und schließlich vom Bundestag mit nur einer Stimme Mehrheit zum ersten Bundeskanzler der Bundesrepublik Deutschland gewählt. Bei den Wahlen 1953, 1957 und 1961 wurde er im Amt bestätigt. Von 1951 bis 1955 war Adenauer zusätzlich Außenminister. Im Zuge der ›Spiegel-Affäre‹ sah er sich 1963 gezwungen, als Bundeskanzler zurückzutreten, blieb aber bis zu seinem Tod Bundestagsabgeordneter. Konrad Adenauer starb 1967 in Rhöndorf und wurde mit einem Staatsakt im Deutschen Bundestag und einem Pontifikalrequiem im Kölner Dom geehrt. Er ist auf dem Waldfriedhof in Rhöndorf begraben.

Albert Einstein

Der Einmann-Exzellenzcluster: Wie der Begründer der Relativitätstheorie heute den Wissenschaftsbetrieb durcheinanderwirbeln würde

Von Ulrich Schnabel

Man stelle sich vor, ein Forscher würde sich um den ganzen aktuellen Ranking- und Eliterummel nicht scheren, sich weder um Drittmittel noch seinen *citation index* kümmern, sondern lediglich eines tun: gründlich nachdenken; und dann besäße er auch noch die Frechheit, im Alleingang die größten Rätsel seiner Disziplin zu lösen! Allen modernen Rankingfetischisten und Eliteförderern wäre zu denken gegeben.

Dies wäre eine der Lehren, die uns Albert Einstein heute zuteilwerden ließe. Er hat schließlich in seiner Karriere all das versäumt, was man jungen Forschern heute ans Herz legt. Statt schon während des Studiums akademische Netzwerke aufzubauen, philosophierte er und spielte zur Entspannung Geige. Und nach seinem Examen bekam der Eigenbrötler nicht einmal eine Assistentenstelle, sondern musste sich mit einem Job als »Experte dritter Klasse« an einem Patentamt in der Provinz durchschlagen. Auch sein intellektuelles Umfeld sprach allen Empfehlungen moderner

Forschungspolitik hohn. Statt einem hochkarätigen Exzellenzcluster beizutreten, gründete der Privatgelehrte mit seinen Nachhilfeschülern einen Debattenzirkel, ironisch-anmaßend »Akademie Olympia« genannt. Doch hier, im heiteren Gespräch, reiften jene bahnbrechenden Ideen, die im Jahre 1905 die Grundfesten der Physik erschütterten.

Nun könnte man einwenden, dass Einsteins Genie eben selbst unter widrigen Bedingungen zum Vorschein kam. Dabei ist das Gegenteil richtig: dass revolutionäre Ideen vor allem der Freiheit bedürfen; der Freiheit, auch abseits ausgetretener akademischer Pfade zu denken. Denn allen Arbeiten, die der Einmann-Thinktank in seinem Wunderjahr 1905 veröffentlichte – die Relativitätstheorie, die Lichtquantenhypothese und die Erklärung der molekularen Bewegung –, ist eines gemeinsam: Sie überschritten die Grenzen des damaligen Fachwissens. Und nur ein Freigeist wie Einstein, der sich nicht im akademischen Betrieb behaupten musste, hatte die Courage, scheinbar weit entfernte Gebiete der Physik zusammenzuführen und damit völlig neue Sichtweisen zu eröffnen.

Doch nicht allein diese Querköpfigkeit wäre im heutigen Forschungsbetrieb erfrischend. Dazu kam ja noch die menschliche Tiefe des überzeugten Pazifisten sowie die Gabe, seine Theorien so unterhaltsam zu erklären, dass jedermann meinte, sie zumindest ansatzweise zu verstehen. »Eine Stunde mit einem hübschen Mädchen vergeht wie eine Minute, aber eine Minute auf einem heißen Ofen scheint eine Stunde zu dauern. Das ist Relativität.« Mit solchen Bonmots weckte Einstein selbst bei jenen Interesse, die die Physik ansonsten scheuten. Welcher deutsche Physik-Nobelpreisträger hat heute noch solche Qualitäten? Wer versteht es, der Wissenschaft ein Gesicht zu geben und seine Forschung weltweit zum Gesprächsthema zu machen?

Sicher, was Einstein zum Star werden ließ, waren nicht nur

seine wissenschaftlichen Leistungen, sondern auch die Zeitumstände. Der jüdische Pazifist, der sich im Ersten Weltkrieg dem deutsch-nationalen Taumel widersetzte und später in die USA emigrierte, wurde wegen seiner unbeugsamen Haltung für viele zum Vorbild. Zudem spiegelt sein Leben die großen Umbrüche des 20. Jahrhunderts: physikalische Revolution und atomarer Schrecken, Nazi-Wahn, Ohnmacht und Verantwortung der Wissenschaft.

Doch an wissenschaftlichen und politischen Herausforderungen ist auch heute kein Mangel. Und an Menschen wie ihm, die Genie mit Leichtigkeit, Wissenschaft mit Humor und politisches Engagement mit Menschenliebe verbinden, ist zu allen Zeiten Bedarf. An dem Aufruf, den Einstein seinerzeit an die »liebe Nachwelt« richtete, müssen wir uns jedenfalls bis heute messen: »Wenn ihr nicht gerechter, friedlicher und überhaupt vernünftiger sein werdet, als wir sind bzw. gewesen sind, so soll euch der Teufel holen.«

Vita

Albert Einstein wurde 1879 als Sohn säkularer jüdischer Eltern in Ulm geboren, wuchs in München auf. 1896 nahm er ein Studium an der Eidgenössischen Technischen Hochschule in Zürich auf, das er 1900 mit einem Diplom als Fachlehrer für Mathematik abschloss. 1901 erhielt er die Schweizer Staatsbürgerschaft. Im folgenden Jahr trat er eine Stelle als technischer Vorprüfer beim Patentamt in Bern an. 1903 heiratete er seine Freundin Mileva Marić. Als 26-Jähriger veröffentlichte er einige seiner wichtigsten Aufsätze: zur speziellen Relativitätstheorie, zur Lichtquantenhypothese, zur Brownschen Molekularbewegung. 1907 wurde seine Habilitation an der Berner Universität angenommen, 1909 wurde er zum außerordentlichen Professor für theoretische Physik an der Universität Zürich berufen, 1911 folgte er einem Ruf als ordentlicher Professor an die Deutsche Universität

Prag, 1912 trat er eine Forschungsstelle an der Eidgenössischen Technischen Hochschule in Zürich an, 1914 wurde er von Max Planck an die Preußische Akademie der Wissenschaften in Berlin geholt, 1917 zum Direktor des Kaiser-Wilhelm-Instituts für Physik ernannt. Sein bedeutendes Werk zur allgemeinen Relativitätstheorie erschien 1916. 1919 heiratete er seine Cousine Elsa Löwenthal. 1921 wurde Albert Einstein für seine Verdienste um die theoretische Physik der Nobelpreis verliehen. 1933 emigrierte er in die USA, wo er an der University of Princeton lehrte und 1940 eingebürgert wurde. Nach Entdeckung der Kernspaltung 1938 warnte er vor einer »Bombe neuen Typs«, unterzeichnete jedoch 1939, aus Angst vor dem Fortschritt der Forschung und der Nutzung zu militärischen Zwecken in Deutschland, eine Aufforderung an Präsident Roosevelt, die Entwicklung der Atombombe voranzutreiben. Nach dem Krieg engagierte sich der Physiker für die friedliche Nutzung von Atomenergie und internationale Rüstungskontrolle. Albert Einstein starb 1955 in Princeton, seine Asche wurde nach einer schlichten Trauerfeier an einem unbekannten Ort verstreut.

Bertolt Brecht

Die Frauen und der Spießermuff reiben stärkste Männer uff. Aber nicht ihn: Den großen B. B.

Von Evelyn Finger

Er hat sich von Anfang an die größte Mühe gegeben, als unanständig zu gelten. Schon der junge Dichter spielte gern den verruchten Lebemann, den Frauenverschlinger, den Zyniker des Sex. Zum Beweis benutzte er möglichst oft Wörter wie Beischlaf und Ekstase. Er provozierte mit der Formel vom »großen Weib Welt« und hielt sich die Maske des alten Baal vors Jünglingsgesicht. Der Mensch als lüsternes Vieh und sanftes Tier, das Liebe am liebsten unter freiem Himmel macht: So inszenierte Bertolt Brecht sich in seinen frühen Texten. Dass später ein Schriftstellerkollege über ihn sagte: »Er fraß viel Leben«, war aber ein Missverständnis.

Denn in Wahrheit war Brecht zunächst ein leidenschaftlich-glückloser Liebhaber gewesen. Zwei Jahre lang warb er vergebens um seine Marie A., die ihm nur Küsse erlaubte. Paula Bahnholzer wiederum, die heißbegehrte »Bi« aus den Gedichten, fand den 21-jährigen Brecht im Bett so unbeholfen, dass sie ihm ohne weiteres glaubte, er habe soeben erst seine Unschuld verloren. Man muss die Kluft zwischen tatsächlicher und literarisch konstruierter Wirklichkeit sehen, um Brecht als eines der meistverkannten Genies seiner Zeit zu begreifen. Er war keineswegs der unmoralische Moralist, als den ihn die Kritiker abtun. Wenn schon moralische Kategorien für die Beurteilung eines Dichters gelten sollen, dann war Brecht auf seine unkonventionelle Weise ein höchst anständiger Mensch. Er suchte keine Betthäschen, sondern – und darin ist er bis heute Avantgarde – das ebenbürtige, intelligente, schöpferische weibliche Gegenüber. Er machte keinen Hehl aus seiner polygamen Lebensweise. Er versprach kein spießiges Eheglück. Als zwei rivalisierende Geliebte ihn einmal zur Rede stellten, welche von beiden er denn nun zu heiraten gedenke, erwiderte er ernst: »Beide.«

Das war seine Art, gegen seine Herkunft aus dem »Pfaffenwinkel« Augsburg zu rebellieren – gegen das Verlogene und Ungerechte im Gewand der Wohlanständigkeit. Der dienstmädchenverwöhnte Bürgersohn des Jahrgangs 1898 kannte es nur zu gut. Weil er sich nicht in den Verhältnissen einrichten wollte, wurde er letztlich Kommunist. Er akzeptierte nicht die Armut der Armen und den kunstbeflissenen Eskapismus der Reichen. Sein Erneuerungswille betraf die Welt ebenso wie die Kunst, und seine Kritik am Kapitalismus schloss auch ihn selbst mit ein. »Jeden Morgen, mein Brot zu verdienen, fahre ich zum Markt, wo Lügen gekauft werden. Hoffnungsvoll reihe ich mich ein unter die Verkäufer«, schrieb der Exilant in seinen Elegien aus Hollywood. Das Wörtchen »hoffnungsvoll« lässt schon sein zwiespältiges Verhältnis zur Utopie ahnen. Brecht sprach von der Zukunft mit Sarkasmus, formulierte seine linken Hoffnungen aus einem apokalyptischen Weltgefühl heraus.

Er hat sich bis zum Schluss die größte Mühe gegeben, als Kommunist zu gelten. Noch am 17. Juni 1953 versicherte er die Regierenden der DDR seiner Loyalität, nicht ohne jedoch harsche Kritik zu üben. Die Zeitungen veröffentlichten nur die Loyalitätsadresse, worüber Brecht tobte und sich bis zu seinem Tod im Jahr 1956 nicht beruhigte. Wer weiß heute eigentlich noch, dass der Verfasser der *Mutter Courage* zu den schärfsten Gegnern der sozialistischen Kunstdoktrin gehörte? Kunst darf sich nie dem Geschmack einer Partei unterwerfen. Da stellte er sich stur. Da blieb er seinen expressionistisch-vitalistisch-anarchistischen Anfängen treu. Brechts neuer Feind in der DDR war ja der alte aus Augsburger Zeiten: eine hausbacken repressive Bürgerlichkeit. Leider wird er von deren Vertretern immer noch kritisiert. Einst berühmt geworden mit empfindsam frivoler Liebeslyrik, heute berüchtigt als marxistischer Rohrstockdramatiker, bleibt Brecht als frecher, scharfsinniger, rigoroser Gesellschaftskritiker weiterhin unser Begleiter.

Vita

Bertolt (Bert) Brecht wurde als Eugen Berthold Friedrich Brecht 1898 in Augsburg geboren. 1916 lernte er seine Jugendliebe Paula Banholzer kennen, mit der er einen gemeinsamen Sohn hatte. In den Jahren 1917/18 studierte er Naturwissenschaften und Medizin in München, wurde dann als Sanitätssoldat eingezogen. 1919 nahm er das Studium wieder auf, brach es jedoch bald ab. 1920 schloss er Freundschaft mit dem Kabarettisten Karl Valentin und feierte Anfang der zwanziger Jahre erste Erfolge als Dramatiker, etwa mit der Uraufführung des Dramas »Trommeln in der Nacht«, für das er 1922 den Kleist-Preis erhielt. Im gleichen Jahr heiratete er die Schauspielerin Marianne Zoff, mit der er eine Tochter hatte. Bis 1924 war er als Dramaturg an den Münchner Kammerspielen engagiert, zog dann nach Berlin, arbeitete am Deutschen Theater unter Max Reinhardt und lernte Helene Weigel kennen, mit der er zwei Kinder hatte; von Marianne Zoff ließ er sich 1927 scheiden. Zunehmend verfolgte Brecht mit seinen

Texten politische Ziele und entwickelte das Epische Theater. 1928 feierte er mit der Uraufführung seiner »Dreigroschenoper« einen der großen Theatererfolge der Weimarer Republik. Außerdem lernte er in diesen Jahren Hanns Eisler kennen, der zum wichtigsten Komponisten seiner Lieder und Stücke wurde. 1933 emigrierte Brecht nach Dänemark, seine Werke wurden von den Nationalsozialisten verbrannt, dem Dramatiker 1935 die Staatsbürgerschaft aberkannt. 1941 floh er über Russland nach Kalifornien. 1947 zog er nach Zürich, reiste im selben Jahr auf Einladung des Kulturbundes zur demokratischen Erneuerung nach Berlin (Ost), wo er das Angebot Wolfgang Langhoffs annahm, am Deutschen Theater eigene Stücke zu inszenieren. Noch im selben Jahr nahm das Helene-Weigel-Ensemble, später Berliner Ensemble, den Spielbetrieb auf, bezog 1954 das nach ihm benannte Theater am Schiffbauerdamm. Bertolt Brecht starb 1956 und wurde auf dem Dorotheenstädtischen Friedhof in Berlin-Mitte bestattet.

Willy Brandt

Man muss in der Politik etwas wollen, wofür sich ein Risiko lohnt. Vor allem aber muss man »immer neu anfangen können«

Von Gunter Hofmann

Was für ein Anfang! »Die Nazis versuchten, Europa zu verdeutschen. Jetzt kommt es darauf an, Deutschland zu europäisieren.« Nicht durch Zerstückelung könne das Problem Deutschlands und Europas gelöst werden, sondern nur dadurch, »daß man West, Ost – und das, was in der Mitte liegt – vereint«. Auf der Grundlage von Freiheit und Demokratie!

32 Jahre alt war der Autor, als er das schrieb. 1946! Ein deutschnorwegischer Journalist, sein Name: Willy Brandt. Titel seines Deutschlandrapports: *Forbrytere og andre tyskere (Verbrecher und andere Deutsche).* Als Kanzlerkandidat seiner Partei, aber auch noch als Kanzler und Friedensnobelpreisträger wurde er deswegen diffamiert: weil er sich als Antinazi illuminiert und die Deutschen zum Verbrechervolk erklärt habe.

Zwölf Jahre hatte er im skandinavischen Exil verbracht, das Gewehr in der Hand gegen Hitler, im Untergrund, im Bürgerkrieg gegen Franco. Nun wollte er berichten vom Nürnberger

Kriegsverbrecherprozess. Ein Rächer? Nein, ein ungewöhnlich differenziertes Bild eines Landes in Trümmern wurde daraus. Kollektivschuld? Nein, aber Verantwortung trugen die Deutschen. Er auch. Wer es nicht glauben wollte, wurde im Dezember 1970 mit seinem Kniefall am Warschauer Ghetto-Mahnmal – wortlos – eines anderen belehrt.

Was war das, was so ansteckend wirkte, auch später? Jenes »andere« Deutschland nahm er ernst, das nicht vor Gericht stand. Er war ein Möglichkeitsdenker. Einen grundoptimistischen Glauben an die moralisch aufbauenden Kräfte brachte er mit. Ohne Zeigefinger erwies er den »anderen« Reverenz, dem Widerstand der Kommunisten, Sozialdemokraten, Pfarrer, der Opposition in Europa und, ja, den preußischen Offizieren – »der 20. Juli war eine Revolution«.

Im Kern hat man da bereits den ganzen Brandt vor Augen. Dafür ist er als Landesverräter angeprangert worden – weil er sich der deutschen Mehrheit nicht fügte und ging und dann auch noch die Chuzpe hatte, zurückzukommen und Vertrauen zu investieren. »Die Deutschen zogen schweigend an den Gräbern vorbei«, hatte er mir einmal gesagt, »das hatten sie angerichtet.« Fest entschlossen aber hatte er sich, nicht als Ankläger oder Richter aufzutreten. Auf die jungen Menschen müsse man bauen, resümierte er noch in Nürnberg, die sicher »Schaden erlitten« hätten, aber nicht »Banditen« seien. »Die Generation, auf die wir gewartet haben«, rief er 1968 der Apo zu. Und: Junge Deutsche sind schon für Schlimmeres auf die Straße gegangen!, verteidigte er 1980 die Friedensbewegung.

Den europäischen Nachbarn, die fünf Jahre deutscher Besatzung erlitten hatten, traute er ein Jahr nach Kriegsende viel zu: Es liege im gemeinsamen Interesse der europäischen Völker, dass ihr Kontinent aus mehr bestehe als verschiedenen »Einflusssphären«.

Ach ja, und »Lakaien« der Siegermächte seien auch die Antinazis nicht, dafür war er nicht emigriert! Wenn er vierzig Jahre später durch Osteuropa reiste, sprachen die aus der Nomenklatura wie die Oppositionellen mit ihm, als gäbe es schon ein geeintes Europa. Im Gespräch war der Eiserne Vorhang weg. Er, als Person, antizipierte etwas. Was war sein Geheimnis?

Mit diesem »immer neu anfangen können« muss es zusammenhängen. Sich nicht mit den Gespenstern der Vergangenheit herumschlagen, nicht einmal in Nürnberg, mit den »Gespenstern« auf der Anklagebank. Richard von Weizsäcker merkte nach der Lektüre des Brandtschen Deutschlandbuches verblüfft an, auch er sei erwachsen gewesen und habe etwas hinter sich gehabt, als er 1945 nach Nürnberg reiste, aber dieser Brandt, kaum älter, habe nicht nur auf den morgigen Tag und die existentiellen Sorgen geblickt, sondern habe eine historische und europäische Perspektive gehabt, Hut ab. Diesen Fixstern Europa erkannte er früh, dem folgte er wieder neu, nachdem Hitler besiegt war. Wenn man nicht weiterkommt, hieß die Maxime, muss man die Szene »neu arrangieren«.

Mit dem Mauerbau 1961 war die alte Politik gescheitert, der Kalte Krieg wurde kälter, also musste umgedacht werden: Sein Barack Obama hieß John F. Kennedy, ihn hat er nicht heruntergemäkelt, anstecken ließ er sich von ihm. Entspannung? Den Mann muss man beim Wort nehmen! Im Zweifel sogar schubsen! Der Friedensnobelpreis nach zwei Amtsjahren zu früh? Woher denn, ihm haben die Osloer damit auch in höchster Bedrängnis den Rücken stärken wollen. Es gelang ihnen ja auch. Die Politik ist müde und erstarrt und die Volkspartei nicht mehr Volkspartei? Na, dann muss sie sich eben öffnen, wozu hat man denn Volksparteien. Und sie müssen was wollen, etwas, wofür sich ein Risiko lohnt. Wie für die Ostverträge, dafür hat er seine Kanzlerschaft riskiert.

Überhaupt, dieser Anfang von 1969: Wenn man so will, war

auch das in dem Büchlein von 1946 in nuce enthalten, dieses Wort »wir wollen mehr Demokratie wagen«. Was er sagen wollte, war, dass es nicht den einen großen Anfang, sondern nur die permanenten Neuanfänge gebe. Wenn's zu viel Kraft kostete, nahm er, wie Freund Grass sagte, »seine Melancholie«. Oder es warf ihn für Monate aus der Bahn, beinahe für immer. Und danach wollte er doch wieder neu beginnen und anders und überraschend möglichst auch. Davon atmete *Verbrecher und andere Deutsche* etwas, aber auch sein Memoirenbuch, dem er nach reiflichem Überlegen, vielleicht auch Grübeln, den Titel gab, der ein Lebensprogramm blieb: *Links und frei.*

Vita

Willy Brandt wurde 1913 als uneheliches Kind mit dem Namen Herbert Ernst Karl Frahm in Lübeck geboren. 1932 machte er Abitur und begann ein Volontariat bei einer Reederei. 1929 hatte er sich der Sozialistischen Arbeiter-Jugend (SAJ) angeschlossen, trat 1930 in die SPD ein, wechselte 1931 als Vorsitzender des Jugendverbandes in die Sozialistische Arbeiterpartei Deutschland (SAPD). Nach der Machtübernahme Hitlers emigrierte Frahm nach Oslo, wo er ein Geschichtsstudium begann, als Journalist arbeitete und die Zentrale der SAPD leitete. Hier nahm er den Decknamen Willy Brandt an, den er später als amtlichen Namen anerkennen ließ. 1938 wurde er von den Nationalsozialisten ausgebürgert und beantragte die norwegische Staatsbürgerschaft, die er 1940 erhielt. Während der deutschen Besetzung Norwegens geriet er in Gefangenschaft, wurde jedoch unerkannt wieder entlassen. Er floh nach Stockholm, wo er wieder in die SPD eintrat. Als Korrespondent für skandinavische Zeitungen kam er 1945 bis 1947 nach Deutschland, berichtete u. a. über die Nürnberger Hauptkriegsverbrecherprozesse. 1948 erhielt er die deutsche Staatsbürgerschaft zurück. Im Folgejahr wurde er Berliner Abgeordneter der SPD, 1957 Regierender Bürgermeister von Berlin, was er bis 1966 blieb. Von

1958 bis 1962 war er Vorsitzender der Berliner SPD, 1964 bis 1987 Bundesvorsitzender seiner Partei. 1966 wurde er Außenminister und Vizekanzler, 1969 zum Bundeskanzler gewählt. Vor dem Unterzeichnen der Warschauer Verträge 1970 zeigte Brandt mit dem berühmten Kniefall im Warschauer Ghetto seine Demut. 1971 erhielt der Politiker den Friedensnobelpreis. Nachdem 1973 die sogenannte Guillaume-Affäre publik wurde, trat Brandt als Bundeskanzler zurück. Er blieb SPD-Vorsitzender, war von 1976 bis 1992 Präsident der Sozialistischen Internationale, von 1979 bis 1983 Mitglied des Europäischen Parlaments. 1990 eröffnete er als Alterspräsident den ersten gesamtdeutschen Bundestag. Willy Brandt starb 1992 in Unkel. Der Bundestag gedachte seiner mit einem Staatsakt, sein Ehrengrab befindet sich auf dem Waldfriedhof Zehlendorf in Berlin.

Carl von Carlowitz

Wir können nicht wider die Natur, sondern nur mit ihr agieren: Der das erkannte, lebte vor 300 Jahren. Lasst uns seine Idee von »Nachhaltigkeit« endlich ernst nehmen

Von Christiane Grefe

Wörter können sich leider nicht wehren, wenn ihnen im Mühlwerk politischer Auseinandersetzungen die Bedeutung allmählich abhandenkommt. »Nachhaltigkeit«: Kaum hatten sich die Vereinten Nationen beim »Erdgipfel« in Rio 1992 auf den Anspruch geeinigt, in den Grenzen des Wachstums und mit Rücksicht auf kommende Generationen zu wirtschaften, da wurde der Begriff auch schon verwässert, verbogen, verkürzt oder als Tensid fürs *greenwashing* missbraucht. Mittlerweile gelten selbst Atomkraftwerke als nachhaltig, deren Müll ewig strahlt. Klaus Töpfer, langjähriger Chef der UN-Umweltorganisation, sagte einmal mit bitterem Spott: Wem zu den globalen Krisen gar nichts mehr einfalle, der rede von Nachhaltigkeit.

Wenn es nur der Verschleiß des Begriffs wäre, doch er spiegelt die Unzulänglichkeit des Handelns. Dabei wird inmitten der eskalierenden Klima- und Hungerkrisen jeden Tag wichtiger, was *sustainability* auch bezeichnet: Umwelt, Wirtschaft und soziale

Gerechtigkeit zusammenzuführen. Anlass genug, jenem Mann unter die Augen zu treten, der das Konzept ursprünglich erdachte; sich an der Nachdenklichkeit und Strenge zu orientieren, mit der er auf alten Kupferstichen unter der Lockenpracht einer französischen Allongeperücke seinen Nachfahren im metallenen Brustpanzer entgegenblickt, prinzipienfest.

Kaum ein brasilianischer Sojaplantagen-Zertifizierer, indischer Klimaschützer oder selbst deutscher Nachhaltigkeitsabteilungsleiter hat den Namen des Edlen Hans Carl von Carlowitz je gehört, der 1645 als Spross einer uralten Ritterdynastie auf Burg Rabenstein bei Chemnitz geboren wurde und zu einem der wirkungsmächtigsten Beamten Kursachsens aufstieg.

Auch seinerzeit war es eine Energiekrise, die Besinnung beim Umgang mit der wichtigsten Ressource erzwang. In Sachsen lag eines der wichtigsten europäischen Montanreviere. Raubbau an den Wäldern des Erzgebirges drohte den Holznachschub zu ersticken, den man brauchte, um die Schmelzhütten zu befeuern, Erz und Silber aus den Minen zu holen. Diese Rohstoffe lieferten August dem Starken das wirtschaftliche Rückgrat, um seinen Griff nach Polens Krone, prunkvolle Bauprojekte und ein ausschweifendes höfisches Leben zu finanzieren. Carlowitz diente diesem Popstar unter den deutschen Königen kritisch, aber loyal als Vize-, später als Oberberghauptmann in Freiberg.

Nach seinem Studium in Jena war der Edelmann weit gereist, wie damals in seinen Kreisen üblich, um der Erziehung den letzten Schliff zu geben. Während der fünf Jahre währenden Grand Tour hatte er erlebt, dass auch im übrigen Europa »mehr Holtz abgetrieben worden, als in etzlichen Seculis erwachsen« war. Zugleich hatte er unterwegs Gegenmaßnahmen kennengelernt, wie sie beispielsweise in Frankreich der Reformer Jean Baptiste Colbert in strenge Verordnungen fasste. Die bedeutendsten Erkenntnisse seines Lebens aber erfuhr er vom Wald, die Familie besaß ja genug. 1713, ein Jahr vor seinem Tod, verfasste er sein forstwissenschaftliches Schlüssel- und Standardwerk: *Sylvicultura oeconomica,* oder *haußwirthliche Nachricht und Naturmäßige Anweisung zur wilden Baum-Zucht.* Darin kritisierte er die Ausrichtung des Wirtschaftens auf kurzfristige Gewinne und legte dar, dass der Holzeinschlag gezielt beschränkt und der Wald wieder aufgeforstet werden müsse. In aller Anschaulichkeit schildert von Carlowitz, wie »der wilde Baum-Saamen zu sammeln, der Grund und Boden zum Säen zuzurichten, solche Saat zu bewerckstelligen, auch der junge Anflug und Wiederwachs zu beachten sei«.

Die »continuierliche beständige und nachhaltende Nutzung« ist heute vom Amazonas bis zu den grünen Bändern des Kongo gefordert. Weltweit muss sie nicht mehr allein bei den Wäldern, sondern auch bei Mineralien und vor allem den dramatisch übernutzten Ressourcen Wasser und Boden zur Leitlinie werden.

Für den frommen Lutheraner Carlowitz entsprang der Nachhaltigkeitsgedanke nicht zuletzt seiner Demut gegenüber der Schöpfung.

Seine Klugheit liegt aber vor allem darin, dass er sich im Gegensatz zum späteren, romantischen Naturschutz nicht auf die Umzäunung unberührbarer Wildnis beschränkt, sondern das Wirtschaften einbezieht. Der zukunftsentscheidende Interessenstreit entzündet sich dann am Vorrang: Ökologie oder Ökonomie? Gerhard Schröder richtete einen Rat für nachhaltige Entwicklung vor allem ein, um diese brisante Frage auf kleiner Flamme in Konsenssoße einzukochen. Die Antwort des kursächsischen Vordenkers hingegen ist unzweideutig: Der Mensch könne niemals »wider die Natur handeln«, er müsse »mit ihr agiren«.

Vita

Johann Hannß Carl von Carlowitz wurde 1645 als Sohn eines kursächsischen Oberforstmeisters und Floßmeisters auf Burg Rabenstein bei Chemnitz geboren. Nach einem Studium der Rechts- und Staatswissenschaften in Jena brach er 1665 zu einer fünfjährigen Reise durch Europa auf. Er widmete sich vor allem bergbaukundlichen Studien und wurde 1677 zum Vizeberghauptmann, 1711 zum Oberberghauptmann am kursächsischen Hof in Freiberg ernannt. Von Carlowitz ist der Verfasser des ersten eigenständigen Werkes über Forstwirtschaft, das den Titel »Sylvicultura oeconomia, oder haußwirthliche Nachricht und Naturmäßige Anweisung zur Wilden Baum-Zucht« trägt und 1713 erschien. Carl von Carlowitz starb 1714 in Freiberg.

Maria Sibylla Merian

Frei von aller Konvention, geht die Naturforscherin und Künstlerin ganz eigene Wege. Ihre Expedition durch den Regenwald von Surinam wird ein einziger Triumph

Von Stefan Schmitt

Nur mal so gedacht: 12. Klasse, die Lehrerin bringt ihren Schülern ein Vorbild mit. »Eine ganz große Frau der Wissenschaft, eine berühmte deutsche Naturforscherin.« Müdes Lächeln bei den Teenagern. »Eine der Ersten, die den Zyklus von Ei zu Raupe zu Puppe zu Schmetterling beschrieben hat. Im 17. Jahrhundert, als die meisten Leute noch dachten, Insekten entstünden in einer Urzeugung aus Schlamm.« Demonstrative Ignoranz, höchstens über den altertümlichen Namen mokieren sich die Schüler: Maria Sibylla Merian. Die Lehrerin versucht sich an einem Gag: »Wir haben sie unzählige Male abgeschleckt, ihre gummierte Rückseite wenigstens.« Denn MSM prangte auf einer Briefmarke zu 40 Pfennig. »Und auch auf dem 200-Mark-Schein.«

Weiter gedacht: Was hätte MSM denn wohl selbst erzählt? Zeitlebens geizte sie mit Persönlichem. Aber vor 17-Jährigen könnte man ja offen sprechen. Über das Leben eines bürgerlichen Mädchens, das 1647 in eine gutsituierte Frankfurter Kupferstecherfamilie hineingeboren wird. Über die kreative Umgebung, musisch, handwerklich. Über Lebensmodelle. Maria Sibylla fand früh ihren eigenen Stil: Pflanzendarstellungen mit Raupen und Schmetterlingen, ästhetisch und akkurat. Als sie 1665 einen Schüler aus der stiefväterlichen Werkstatt heiratete, mit ihm nach Nürnberg zog, war sie eine aufstrebende Künstlerin. Ihre Bücher machten sie bekannt. Aber statt Reputation und Vermögen zu mehren, flüchtete sie 1685 aus ihrem bürgerlichen Leben. Sie schnappte sich ihre zwei jungen Töchter und zog für sechs Jahre in eine Landkommune engstirniger niederländischer Protestanten.

Hatten sie Erbstreitigkeiten in ihrer Familie entnervt? War ihr der Ehemann – die Biographen spekulieren über sexuelle Eskapaden und Seitensprünge – zuwider geworden? Nirgends rechtfertigte Merian sich für den Bruch. Klar ist nur, sie folgte ihrer Überzeugung. Nie verlor sie ein schlechtes Wort über die Frömmler, nachdem sie diese 1691 verlassen hatte, in Richtung Amsterdam. Ende des 17. Jahrhunderts war es die glänzende Metropole der modernsten Nation auf Erden. Die Alleinerziehende (sie gab sich als Witwe aus) lebte dort von Malstunden und Auftragsarbeiten, machte sich erneut einen Namen. Doch 1699 wieder dieser innere Antrieb: Nur mit der jüngeren Tochter Dorothea Maria bestieg sie ein Schiff nach Südamerika – als freischaffende Forschungsreisende. Ohne einen staatlichen Auftrag, ohne die Protektion eines Mächtigen und, natürlich, ohne ein Mann zu sein. Unbegleitete Auswanderinnen galten damals als Zuchthaushuren oder gar Diebinnen. Doch Merian focht das nicht an, zwei Jahre lang zog ihre Expedition samt einer Sklavin und einigen Indianern durch den Regenwald Surinams: sammelnd, notierend, skizzierend. Ein Triumph persönlicher Neugier!

Erst eine Malaria zwang Maria Sibylla zurück nach Amsterdam. Selbstbewusst bezeichnete sie sich jetzt nicht mehr als Witwe, sondern schlicht als *Juffrouw*, als Jungfer. Sie war berühmt, empfing Gelehrte, veröffentlichte ihre Beobachtungen. Die Insekten Surinams stellte sie jeweils auf ihren spezifischen Wirtspflanzen dar, in allen Stadien ihrer Verwandlung, der Metamorphose. Diesen Kontext würden wir heute ökologisch nennen, er machte sie berühmt.

Zu Ende gedacht: An der Eigenwilligen aus dem frühen 18. Jahrhundert hätten die Schüler dann durchaus etwas gefunden. Zwar glaubt heute niemand mehr an die Urzeugung. Auch alleinreisende Frauen sind inzwischen völlig normal. Aber hören die Menschen – nicht nur 17-Jährige bei der Berufswahl – nicht unentwegt, wie wichtig ein geradliniger Lebenslauf ist, Zuverlässigkeit und Sicherheit? Hätte sich Maria Sibylla solchen Erwartungen gebeugt, sie hätte es nie bis nach Surinam geschafft!

Vita

Maria Sibylla Merian wurde 1647 als Tochter des Kupferstechers und Verlegers Matthäus Merian d. Ä. in Frankfurt am Main geboren. Auch ihr Stiefvater, der Blumenmaler Jacob Marrell, unterstützte ihre künstlerische Ausbildung. 1665 heiratete Merian den Maler und Graveur Johann Andreas Graff und übersiedelte mit ihm 1668 in dessen Geburtsstadt Nürnberg. Hier widmete sie sich der Malerei von Blumen, Früchten und Insekten und unterrichtete junge Frauen in Blumenmalerei und -stickerei. Als Vorlagen für den Unterricht fertigte sie Kupferstiche von Blumenbildern ihres Vaters und Stiefvaters sowie einige eigene Naturstudien an, die sie in ihren »Neuen Blumenbüchern« 1675, 1677 und 1680 veröffentlichte. Auf der Grundlage eigener Studien erschien in den Jahren 1679 und 1683 ihr zweibändiges Raupenbuch, »Der Raupen wunderbare Verwandlung und sonderbare Blumennahrung«. 1685 trennte sie sich von ihrem Mann und zog mit ihrer Mutter und den zwei Töchtern nach Schloss Waltha im niederländischen Westfriesland, wo sie eine Sammlung surinamischer Schmetterlinge vorfand, die sie ausgiebig studieren konnte. Nach dem Tod ihrer Mutter verließ sie 1691 mit ihren Kindern das Schloss, ging nach Amsterdam und widmete sich dort ihren entomologischen Forschungen. Als mittlerweile anerkannte Naturforscherin erhielt sie hier Zugang zu den Naturalienkabinetten der Stadt. Im Juni 1699 brach sie zusammen mit einer Tochter zu einer Forschungsreise nach Surinam auf. Dort unternahmen die beiden Frauen Exkursionen in die Urwälder, sammelten und zeichneten tropische Insekten. Nach zwei Jahren erkrankte Merian an Malaria und kehrte nach Amsterdam zurück. Nach ihren Zeichnungen wurden aufwendige Kupferstiche angefertigt, und 1705 erschien schließlich der großformatige Prachtband »Metamorphosis insectorum Surinamensium«. Maria Sibylla Merian starb 1717 in Amsterdam.

Arthur Schopenhauer

Das wäre was: Den grandios brachialen Kritiker der menschlichen Natur gegen heutige Dummheiten anpoltern zu sehen

Von Jürgen von Rutenberg

Aufstehen, Herr Schopenhauer, Sie dürfen wieder zurück ins Leben.

Verdammt nochmal, das ist ja wohl der übelste Witz, den ich seit Jahrhunderten gehört habe.

Nein, wirklich, im Wintersemester 2059/60 können Sie an der Humboldt-, Entschuldigung, Berliner Universität noch mal Vorlesungen halten. Ihre alte Wirkungsstätte!

Na prima. Wird denn der elende Hegel mit seinen wirren Eseleien auch wieder da sein?

Nein, diesmal nicht.

Ah! Ach so? Na dann …

Die reine Freude wäre eine Rückkehr in diese Welt für Arthur Schopenhauer nicht. Kein anderer Philosoph, kaum ein Schriftsteller hat so ausgiebig und eindringlich die Qualen der Existenz beschrieben wie er. Das »Nichts«, in dem er sich derzeit befinden dürfte, hat er sein Leben lang mit deutsch-buddhistischer Gründlichkeit als Idealzustand gepriesen und für sich selbst angestrebt. Warum sollten wir ausgerechnet ihn ins problematische Sein zurückholen?

Vor allem, um ihn lautstark gegen Dummheiten aller Art poltern zu lassen. Ganz sicher wird die künftige Menschheit Schopenhauers klare Sprache und seine tieferen Einsichten dringend benötigen. Und als zeitgereister Neuankömmling wäre er sofort in seinem Element, denn ein Außenseiter war er schon zu Lebzeiten.

Hohn und Spott goss er über die »Professorenphilosophie der Philosophieprofessoren«. Sein Metier war handfesterer Art. Na schön, auch er hat ein philosophisches System errichtet, ein historisch bedeutsames sogar, in Kurzform: Hinter allen Erscheinungen der Welt erkannte Schopenhauer als das »Ding an sich« den (blinden, unbeherrschbaren) Willen, der überall in der Natur wütet, somit auch im Menschen. Sigmund Freud nannte dieses Ding später »Trieb« und würdigte Schopenhauer ausdrücklich als seinen Vorläufer.

Aber noch mehr »Systeme« wird die Welt von morgen bestimmt nicht brauchen. Sondern: einen ungehobelten Kritiker, einen völlig unabhängigen Denker, einen Schopenhauer. Dieser Meister der deutschen Sprache schimpft, donnert, grantelt, argumentiert, wie es heute schon keiner mehr kann, im gepflegten Bizness-Denglisch der Zukunft es erst recht niemand mehr können wird.

Nachdem er sein Philosophenleben lang das »nothwendige Unglück« des menschlichen Daseins nachgewiesen hatte, verfasste Schopenhauer als alter Mann eine Art Selbsthilfe-Bestseller, die wunderbaren *Aphorismen zur Lebensweisheit.* Als einzigen Weg zum erträglichen Leben empfahl er – inspiriert, wenn nicht erleuchtet durch die Lektüre indischer Weisheitslehren – die konsequente Vermeidung von Unglück durch die »Verneinung des Willens«. Der gaukle einem, blind und eigennützig, wie er ist, doch ständig nur Glücksillusionen vor. »Ein glückliches Leben ist unmöglich«, predigte Schopenhauer, das Beste, was der Mensch erreichen könne, sei die Abwesenheit geistiger und körperlicher Schmerzen.

Das mag so sein oder auch nicht. Zum Weltwunder wird Schopenhauer dadurch, dass ausgerechnet er mit all seiner teutonisch polternden Wortgewalt fernöstliche Transzendenz in den Westen importiert hat. Aus seiner Aneignung des »Buddhaismus« entwickelte er eine Mitleidsethik, die buchstäblich keiner Fliege etwas zuleide tun konnte (anders als den Menschen, denen er verbal gern einiges zuleide tat). Dem Materialismus, dem Statusdünkel, den Zerstreuungsgelüsten seiner Zeit setzte Schopenhauer die radikale Besinnung auf innere Werte entgegen: die Konzentration auf das, »was einer ist«, im Gegensatz zu dem, was einer besitzt oder nur zu sein vorgibt. »Was einer ist«, sei zwar weitgehend »von der Natur« bestimmt, lasse sich aber durch »geistige Genüsse« ein wenig beeinflussen. Diese Genüsse seien zudem das beste Mittel gegen das »Grundübel des Lebens«, die früher oder später – gerade im materiellen Überfluss – einsetzende Langeweile.

Nicht nur die Nachwelt könnte viel von Schopenhauer lernen, sondern auch Schopenhauer viel von der Nachwelt. Seine berüchtigte Verachtung der »Weiber« etwa, ein Spiegel des deprimierenden Frauenbildes seiner Zeit, müsste sich emanzipierten Gegenbeweisen stellen. Stoff für eine Komödie.

Schon in den 1840ern wetterte Schopenhauer auf bis heute beglückende Art gegen die verlockendsten Irrwege der irdischen Existenz. Den Konsumismus der Moderne kannte er da noch gar nicht, die flächendeckenden Glücksverheißungen der Werbung, den Hedonismus der Popkultur. 2059 könnte Arthur Schopenhauer richtig loslegen.

Vita

Arthur Schopenhauer wurde 1788 als Sohn eines Kaufmanns in Danzig geboren. Seine Mutter war die Schriftstellerin Johanna Schopenhauer, seine Schwester Adele wurde ebenfalls Schriftstellerin. 1793 übersiedelte die Familie nach Hamburg, Schopenhauer besuchte eine Privatschule, die ihn auf den Beruf des Kaufmanns vorbereiten sollte, damit er das Handelshaus des Vaters übernähme. 1805 starb der Vater bei einem Unfall, die Mutter löste das Unternehmen auf und übersiedelte mit ihrer Tochter nach Weimar, der Sohn folgte 1807. Dank des Erbes ohne finanzielle Sorgen begann Schopenhauer 1809 ein Studium der Naturwissenschaften in Göttingen, das er bald abbrach, um Philosophie zu studieren, was er ab 1811 in Berlin tat. Er wurde 1813 an der Universität Jena promoviert. Durch den literarischen Salon der Mutter stand er in Kontakt mit Johann Wolfgang von Goethe und entwickelte aus der Korrespondenz mit diesem eine eigene Farbenlehre, die 1815 erschien. Durch den Orientalisten Friedrich Majer wurde er mit altindischer Philosophie bekannt. 1814 ging er nach Dresden, wo sein Buch »Die Welt als Wille und Vorstellung« entstand, das 1819 erschien. Nach einer Italienreise nahm er eine Dozentenstelle an der Berliner Universität an, und es kam zum berühmten Konkurrenzstreit mit Georg Friedrich Wilhelm Hegel, der ebenfalls an der Universität angestellt war und dessen Vorlesungen deutlich mehr Zulauf fanden als die Schopenhauers. Nach Ausbruch einer Choleraepidemie 1831 floh der Philosoph über Umwege nach Frankfurt am Main. 1836 erschien sein Werk »Ueber den Willen in der Natur« und 1841 das Buch »Die beiden Grundprobleme der Ethik«. 1844 vollendete er den zweiten Teil und überarbeitete den ersten seines Hauptwerkes »Die Welt als Wille und Vorstellung«. 1851 wurde »Parerga und Paralipomena« veröffentlicht, dessen Hauptteil die »Aphorismen zur Lebensweisheit« bilden. Arthur Schopenhauer starb 1860 in Frankfurt am Main und wurde auf dem dortigen Hauptfriedhof beigesetzt.

Rudolf Virchow

Viele Ärzte haben den Blick für das Ganze verloren. Virchow kann sie lehren, Medizin wieder als »sociale Wissenschaft« zu verstehen

Von Harro Albrecht

Der junge Rudolf Virchow hätte die Medizin anno 2009 wohl nicht lange unkommentiert gelassen. »Ihr Ärzte«, hätte er den ärztlichen Kollegen auffahrend, rhetorisch brillant entgegengeschleudert, »ihr seid zu einem Anhängsel des Kapitalismus verkommen. Natürliche Anwälte der Armen solltet ihr sein.«

Virchow, geboren 1821 in Schivelbein, Pommern, war ein Rebell, ein Schwärmer und darüber hinaus ein scharfsinniger Wissenschaftler. Er verfolgte nicht nur den Kampf für eine größere Wissenschaftlichkeit in der Medizin, sondern machte zum ersten Mal darauf aufmerksam, dass Krankheit oft das Ergebnis der Lebensumstände ist. Dass Gesundheit nur dort gedeiht, wo Bildung, Freiheit und gute Ernährung herrschen. »Die medicinische Wissenschaft«, stellte Virchow fest, »ist in ihrem innersten Kern und Wesen eine sociale Wissenschaft.«

Es war in den Vortagen der Märzrevolution von 1848. Im Deutschen Bund lag Umsturz in allen gesellschaftlichen Bereichen in der Luft. Noch hadert der junge Rudolf Virchow mit seiner Karriereplanung. Der angehende Arzt erwägt eine Militärkarriere, die übliche Laufbahn für einen preußischen Arzt Mitte des 19. Jahrhunderts. Aber sollte er wirklich den Weg des geringsten Widerstandes gehen, tun, was alle tun? Gerade hat der 23-Jährige bei seiner ersten Assistenzarztstelle ein wenig wissenschaftlich arbeiten dürfen, mikroskopieren, systematisch forschen. Sollte er in den neuen Berufsstand eines »Wissenschaftlers« wechseln? Es wäre ein Schritt in die Ungewissheit. Aber gerade das lockte. Er wolle sich »von der Menge der Alltagsmenschen« abwenden, schrieb er 1845 seinem Vater.

Ein paar Jahre später sterben in Oberschlesien 16 000 Menschen an Typhus. Nervös geworden, schicken die Behörden Rudolf Virchow mit einer Untersuchungskommission in das Seuchengebiet. Der junge Arzt stößt auf Hungersnot und Lethargie. Die vielgelobte preußische Verwaltung hat jahrelang nichts als große Mengen vollbeschriebenen Papiers produziert. Virchow ist erschüttert. Er beklagt die absurde Konzentration von Kapital und Land in der Hand von Einzelnen, schimpft über die »feudale Aristokratie« und fordert Demokratie.

Dieser preußische Che Guevara zieht sich nach der Analyse nicht in Studierstube oder Labor zurück. Er handelt, geht wie ein heutiger Aktivist vor und in Berlin auf die Straße – und baut dort Barrikaden.

Die Politik, sagt Virchow, sei weiter nichts »als Medicin im Grossen«. Der proletarische Akademiker hält Brandreden, die manchen Kollegen vor den Kopf stoßen. Er gründet die Deutsche Fortschrittspartei, berät Regierungen in Seuchenfragen, setzt sich für Kanalisation, sauberes Wasser und kommunale Krankenhäuser ein. Doch nach einigen Jahren erträgt er das politische Tagesgeschäft mit seinen Kompromissen nicht mehr. Er zieht sich zurück, beschreibt erstmals die Leukämie und betäubt seinen Frust mit erheblichen Mengen Berliner Weiße.

Rudolf Virchow hat einer Medizin den Weg bereitet, die nicht nur die Gesundheit Einzelner, sondern die der Massen im Blick hat. Die Nationalsozialisten pervertierten diesen Ansatz, richteten die Medizin auf den sogenannten Volkskörper aus. Das Individuum zählte nicht mehr. Nach dem Krieg verschwand die gesellschaftliche Dimension von Krankheiten aus dem akademischen Blick und führte nur eine Randexistenz als Sozial-, Arbeits- und Umweltmedizin. Die einstmals von Rudolf Virchow begründete »öffentliche Gesundheitspflege« reduziert sich auf so etwas wie die Hygieneüberprüfung von Imbissstuben.

Heute dominiert der individualistische Ansatz. Die Ärzte haben den Blick für das Ganze verloren. Damit ist fast alles, wofür Virchow unerschrocken gefochten hat, verlorengegangen. Erst allmählich entdecken Politiker und Ärzte neuerdings den Nutzen der »öffentlichen Gesundheitspflege« wieder. Ein revolutionäres Kraftzentrum aber hat diese ganzheitliche Medizin noch lange nicht – dafür fehlt eine Figur wie Rudolf Virchow.

Vita

Rudolf Virchow wurde 1821 als Sohn eines Fleischermeisters in Schivelbein, Pommern, geboren. 1839 begann er als Stipendiat ein Medizinstudium an der Berliner militärärztlichen Akademie, das er 1843 mit einer Promotion abschloss. Anschließend arbeitete er als Assistenzarzt, bevor er 1846 nach dem Staatsexamen in die Pathologie wechselte. 1847 habilitierte er sich und gab mit seinem Freund Benno Reinhardt die erste Ausgabe des ›Archivs für Pathologische Anatomie und Physiologie‹ heraus, das seit 1902 unter dem Namen ›Virchows Archiv‹ erscheint. 1848 reiste der Mediziner nach Oberschlesien, um im Auftrag der Regierung eine Typhusepidemie zu untersuchen. Er kämpfte während der Märzrevolution aufseiten der Demokraten, nahm im Oktober am Demokratischen Kongress teil. 1848/49 gab er die Zeitschrift ›Medicinische Reform‹ heraus, in der er den Begriff der »Volksgesundheit« prägte und eine »öffentliche Gesundheitspflege« forderte. Aufgrund seines politischen Engagements verlor er seine Stelle an der militärärztlichen Akademie und folgte daher einem Ruf nach Würzburg. 1850 heiratete er Rose Mayer, mit der er sechs Kinder hatte. 1856 kehrte er nach Berlin zurück, wo er eine für ihn geschaffene Professorenstelle an der Universität antrat. 1858 publizierte er seine Theorie zur »Cellularpathologie«, mit der er eine neue naturwissenschaftliche Krankheitslehre begründete. 1861 war er Gründungsmitglied der Deutschen Fortschrittspartei, von 1862 bis 1902 gehörte er dem Preußischen Abgeordnetenhaus an, 1880 bis 1893 war er Mitglied des Deutschen Reichstags. Zudem engagierte er sich auf den Gebieten der Anthropologie, Ethnologie und Archäologie, gründete etwa 1869 die Berliner Anthropologische Gesellschaft mit und beteiligte sich an der Gründung des Ethnologischen Museums und des Völkerkundemuseums in Berlin. Rudolf Virchow starb 1902 in Berlin, sein Ehrengrab befindet sich auf dem Alten St. Matthäus-Kirchhof in Berlin-Schöneberg.

Hans Henny Jahnn

Größenwahnsinnig und doch ganz bescheiden: Jahnns kühn komponierte Romane umkreisen ein ewiges Dilemma – dass die Natur so schön wie schrecklich ist

Von Ulrich Greiner

Unter den deutschen Schriftstellern des 20. Jahrhunderts gibt es keinen seltsameren als Hans Henny Jahnn. Der 1894 in Stellingen bei Hamburg geborene Sohn eines Schiffszimmermanns war außerdem Gründer einer parareligiösen Sekte, Musikverleger, Architekturtheoretiker, Orgelbauer und politischer Publizist. Er war kein »Blut und Boden«-Denker, wie oft behauptet wurde. In einer 1931 gehaltenen Rede sagte er: »Der Feind steht rechts.« Aber er kritisierte auch die Kommunisten. Er hielt den Schutz des Lebens für das höchste Gut, aber er kämpfte gegen den Paragraphen 218. Er äußerte sich gegen die Nazis, als es ihm schadete, und er gab Signale der Anpassung, als es nichts mehr nutzte. Jahnn war ein friedfertiger Rebell, ein sanftmütiger Berserker, Pazifist und Atomkraftgegner, ein Grüner, bevor es sie gab.

Mit seinen gewaltigen und gewalttätigen Dramen brachte er schon früh die Zeitgenossen gegen sich auf, erntete aber auch Zustimmung von Kollegen wie Oskar Loerke oder Thomas Mann.

Die beiden großen Romane, die Höhepunkte seines Werks, *Perrudja* (geschrieben 1922 bis 1929) und *Fluß ohne Ufer* (1934 bis 1947), gleichen Findlingen aus einer anderen Welt und Zeit. Was ihre kompositorische Kühnheit betrifft, ihre sprachliche Originalität, ihre himmelstürzende Ambition, gibt es kaum Vergleichbares.

Heute betrachten wir den »Fortschritt« so skeptisch wie damals Jahnn und üben uns in ökologischer Vernunft, unterliegen aber nicht selten einem naiven Verständnis von Natur. Jahnn, für den die Natur der einzige, der entscheidende Bezugspunkt war, schrieb 1953: »Der Mensch wird nicht als bekannt vorausgesetzt. Man kennt ihn nicht. Er ist nicht gut. Er ist nicht schlecht. Er ist nichts von dem, was er sich selbst nachsagt. Die Gerüchte über ihn sind falsch. Er ist das Gefäß von Instinkten oder der Schauplatz von Ereignissen, die ohne ihn nicht sein würden. Auch Gott, sein Gott, wird nicht als bekannt vorausgesetzt. [...] Man nimmt die Schöpfung wahr, die vielgestaltig ist; das Sichtbare und das Unsichtbare, die Zeit. Und mitten im Gestalteten und im Ablauf den Schmerz, die Folgen von Fressen und Gefressenwerden, den furchtbaren Schrei des Schmerzes aller Kreatur.«

Dieses Dilemma, dass die Natur unbegreiflich und grausam ist, zugleich aber der Ort des Schönen und der Harmonie, hat ihn nie losgelassen. Es ist auch unser Dilemma, und Jahnn sah in der Kunst ein Mittel, den Widerspruch zu versöhnen. Die Symphonie, um deren Vollendung der Komponist Gustav Anias Horn, die Hauptfigur in *Fluß ohne Ufer,* ringt, trägt den Titel *Das Unausweichliche.* Sie ist der Versuch, die Schöpfungstragik Musik werden zu lassen. Ihre Anfänge hat Horn bei seinen Wanderungen über die Klippen norwegischer Fjorde gefunden, in abgerissenen Birkenrinden, deren feines Engramm natürliche Hieroglyphen enthält, die Horn in Notenschrift übersetzt. In *Perrudja* plant der durch Zufall zum Milliardär gewordene Held die Weltherrschaft zur Rettung der Menschheit, einschließlich Krieg und höherer Zuchtwahl. Im entscheidenden Moment aber lässt er ab von seinem Projekt, erkennt die Hybris. Ein Gott, der aufgibt. Er zieht sich zurück in die Einsamkeit seiner norwegischen Burg und liebt sein Pferd.

Dem frommen Heiden Jahnn ging es um nichts anderes, als »der Schöpfung eine Ausnahme abzuverlangen«, wie er einmal schrieb, nur darum, Gott zu zwingen, endlich menschlich zu sein und der Schöpfung ihren Schrecken zu nehmen. Das ist größenwahnsinnig und doch ganz bescheiden. Es ist unverständlich und doch leicht zu verstehen. Es erklärt, weshalb Jahnn uns nie ganz vertraut werden wird und was wir bis heute von ihm lernen können: sich freizumachen von allen Illusionen und doch die Hoffnung, den Anspruch auf Menschlichkeit niemals aufzugeben.

Vita

Hans Henny Jahnn wurde 1894 als Sohn eines Schiffsbauers in Stellingen, heute ein Teil Hamburgs, geboren. 1914 machte er in Eimsbüttel Abitur und übersiedelte im Folgejahr mit seinem Schulfreund, dem späteren Musikschriftsteller Gottlieb Friedrich Harms, nach Norwegen, um dem Armeedienst zu entgehen. Ende 1918 kehrten die Freunde nach Hamburg zurück, 1919 gründeten sie zusammen mit Franz Buse die ›Künstlergemeinde Ugrino‹. Jahnn debütierte im gleichen Jahr mit dem Drama »Pastor Ephraim Magnus«, für das er 1920 mit dem Kleist-Preis ausgezeichnet wurde. 1921 gründete er den Ugrino-Verlag. Außerdem arbeitete er als amtlicher Orgelsachberater der Stadt Hamburg, verantwortete etwa ab 1923 die Restaurierung der Hamburger Jacobiorgel. Er setzte visionäre Ideen im Orgelbau um, wurde zu einer führenden Persönlichkeit der norddeutschen Orgelreformbewegung. 1929 erschien sein Roman »Perrudja«, dessen zweiter Teil nie abgeschlossen wurde. 1931 wurde er zum Orgelsachverständigen der Stadt Hamburg berufen. Nach der Machtübernahme der Nationalsozialisten emigrierte Jahnn 1934 auf die Insel Bornholm, wo er einen Bauernhof bewirtschaftete, kam jedoch zwischenzeitlich immer wieder nach Deutschland. In dieser Zeit entstand sein monumentales Hauptwerk »Fluß ohne Ufer«, dessen letzten Band er nicht abschloss. 1950 kehrte er nach Deutschland zurück, wo er sich nun politisch engagierte, gegen die Wiederbewaffnung der Bundesrepublik und gegen den Bau von Atombomben. Im Jahr seiner Rückkehr gründete er die Freie Akademie der Künste in Hamburg und wurde zu deren erstem Präsidenten gewählt. 1956 erhielt er den Lessing-Preis der Freien und Hansestadt Hamburg. Hans Henny Jahnn starb 1959 und wurde auf dem Nienstedtener Friedhof beigesetzt.

Robert Schumann

Seine Musik entführt in das Reich der reinen Poesie. Zugleich bleibt sie eine Herausforderung für jeden heutigen Komponisten

Von Claus Spahn

Schumann gehört. Geweint. Im Leben jedes Klassikverrückten gibt es Komponisten (meist nicht sehr viele), die ihn, wenn ihre Musik nur schön genug gespielt wird, zu Tränen rühren. Man kann nichts dagegen tun. Bei mir gehört Robert Schumann dazu. Er kann einen auf rätselhafte Weise weit weg und über alle Dinge hinausführen. Die Ergriffenheit, die seine Musik auszulösen vermag, hat etwas Hochfliegendes, sie bewegt sich jenseits der Tränen: wenn etwa die vermeintlich naiven (tatsächlich aber tiefgründig erwachsenen) *Kinderszenen* vorüberziehen und im letzten der Charakterstücke schließlich *Der Dichter spricht,* frei rezitierend, sich erinnernd, fragend, innehaltend, um das Unsagbare in Tönen zu *denken.* Schumann entführt den Zuhörer in die blaue Stunde der reinen Poesie und schließt ihm eine andere Welt auf.

Sind das nicht lebensrettende Momente, die wir im so existenzkühl heraufdämmernden 21. Jahrhundert auf keinen Fall missen wollen? Nur die Kunst spendiert sie uns und besonders die

Musik, über die der von Schumann heißgeliebte Jean Paul in seiner Erzählung *Leben des Quintus Fixlein* schreibt, sie bestehe aus Tönen, »die mit Kräften ohne Körper unser Herz umfließen« und »unsere Seele so verdoppeln, dass sie sich selber zuhört«. Schöner kann man es nicht formulieren.

Aber es ist nicht nur das Romantische und Poetische, das uns von Schumann nicht loskommen lässt. Wie kaum ein anderer steht er bis heute quer zur Welt. Mozart- und Bach-Jubiläen werden groß gefeiert, von Wagner, Brahms und Beethoven quellen die Opernspielpläne und Konzertprogramme über, aber um Robert Schumann ist es still. Noch immer leidet unser Bild von diesem Komponisten darunter, dass er entweder als herzallerliebster romantischer Schwärmer oder als armer Irrer verkannt wird, der am Ende nur noch geistesverwirrte Musik schrieb. Schumann starb mit 46 Jahren in der Nervenheilanstalt Bonn-Endenich, er war Syphilitiker.

Man muss sich den Schumann der letzten Jahre nur als Typen vorstellen, um das Querständige sofort vor Augen zu haben: Seine Haut war teigig, sein Gesicht gedunsen, das Haar klebte ihm glatt und fettig am Schädel, Kurzsichtigkeit behinderte ihn. Er war introvertiert und schweigsam, und wenn er sprach, sprach er leise und undeutlich.

Was aber dieser Außenseiter gerade in seiner letzten Lebensphase geschrieben hat, treibt die Komponisten bis heute um. Schumann fordert heraus, und die Liste der Komponisten, die direkt auf ihn bezogene Werke geschrieben haben, ist lang: György Kurtag und Elliot Carter, Aribert Reimann und Wilhelm Killmayer, Dieter Schnebel und Hans Zender, Wolfgang Rihm, Heinz Holliger, Jörg Widmann und viele andere mehr.

Rihm hat in einem Essay treffend das Charakteristische am späten Schumann benannt: »Das Nebeneinander von Klarheit und trüben Stellen, die schnellen Wechsel von Dichten und Gemütszuständen, die quälenden Stellungskriege der musikalischen Gedanken, das Kreiseln ohne Ziel und Wille.« Heinz Holliger, in dessen kompositorischer Arbeit Schumann eine ganz besondere Rolle einnimmt, sagt: »Es ist eine Musik des extremen Differenzierens. Es braucht sehr feine Seelen, die das überhaupt hören können.« Die Behauptung sei gewagt: Es gibt keinen anderen Komponisten des 18. und 19. Jahrhunderts, mit dem sich die Gegenwartsmusik so intensiv auseinandersetzt wie mit Robert Schumann. Mit ihm sind wir auch im 21. Jahrhundert noch lange nicht fertig.

Vita

Robert Schumann wurde 1810 als Sohn eines Buchhändlers und Verlegers in Zwickau geboren. Ab 1817 erhielt er Klavierunterricht und begann 1827 selbst zu komponieren. 1828 bis 1829 studierte er in Leipzig Jura, widmete sich aber hauptsächlich der Musik, nahm Unterricht in Klavier und Musiktheorie bei Friedrich Wieck, dem Vater von Clara Wieck, die er 1840 heiratete und mit der er acht Kinder hatte. Der Erfolg Clara Schumanns als Pianistin und Komponistin war für Robert Schumann, wie Tagebuchnotizen wissen lassen, schwierig zu akzeptieren; eine Fingerzerrung hatte seine eigene Virtuosenlaufbahn verhindert. 1834 gründete er die ›Neue Zeitschrift für Musik‹. 1838 vollendete er die »Kreisleriana«, die er dem Komponisten Frédéric Chopin widmete. 1840 wurde ihm die Ehrendoktorwürde der philosophischen Fakultät der Universität Jena verliehen. Ebenfalls im Jahr seiner Hochzeit schuf er etwa 150 Klavierlieder, im folgenden Jahr eine Reihe bedeutender Kammermusikwerke, im Jahr darauf zwei Sinfonien und weitere Orchesterwerke. 1843 wurde der produktive Komponist von Felix Mendelssohn Bartholdy als Lehrbeauftragter ans Leipziger Konservatorium geholt, 1844 wurde er Chorleiter in Dresden und 1850 Städtischer Musikdirektor in Düsseldorf. 1853 wurde Schumann hier von dem jungen Johannes Brahms besucht, für dessen Arbeiten er sich wie viele andere begeisterte und mit dem er Freundschaft schloss. Seit frühen Jahren hin und wieder auftretende Depressionen und Wahnideen trieben den Komponisten 1854 zu einem Selbstmordversuch. Er begab sich daraufhin in die private Heilanstalt in Endenich bei Bonn, wo er bis zu seinem Tod lebte. Robert Schumann starb 1856 und wurde auf dem Alten Friedhof in Bonn beigesetzt.

Theodor Fontane

Erfolglos in der Jugend, radikal im Alter. Sein Lebensweg zeigt, dass die wahre Souveränität oft erst mit den Jahren kommt

Von Jens Jessen

Fontanes Lebensweg war lang und steinig. Er wurde fast sechzig, bis er den ersten der Romane publizieren konnte, die seinen späten Ruhm begründeten. Er hat erfolglos als Apotheker gearbeitet, als Historiker, als Kriegsschriftsteller und die längste Zeit seines Lebens, aber überwiegend sehr ungern, als Journalist. Er lebte unter fast erbärmlichen Umständen in Berlin und London, er hat die wenigen festen Stellungen, die sich ihm boten, alle gekündigt. Sie waren ihm eine Qual, ob bei Zeitungen oder bei einem preußischen Büro zur Presselenkung. Selbst eine Sinekure, die ihm bei der Akademie der Künste geboten wurde, hat er fluchtartig verlassen, weil er die Archivluft nicht atmen mochte.

Eine Qual war auch das Leben, das er damit sich und seiner Familie bot, und er wusste es. »Alles auf nichts anderes hin als auf die Fähigkeit, ein mittleres lyrisches Gedicht und eine etwas bessere Ballade schreiben zu können«, so hat er es seiner Frau einmal zugegeben. »Personen von solcher Ausrüstung, wie die meine war, kein Vermögen, kein Wissen, keine Stellung, keine starken Nerven, das Leben zu zwingen – solche Menschen sind überhaupt keine richtigen Menschen, und wenn sie mit ihrem Talent und ihrem eingewickelten 50-Pfennig-Stück ihres Wegs ziehn wollen (und das muss man ihnen schließlich gestatten), so sollten sie sich wenigstens nicht verheiraten. Sie ziehen dadurch Unschuldige in ihr eigenes fragwürdiges Dasein hinein.«

Bitterer kann man sich kaum zerknirschen. Und doch hat er sich und seiner Frau, die nicht einmal an sein Talent glaubte, ein Warten, ein Suchen, ein Umherschweifen zugemutet, das nicht ahnen ließ, dass nach den Jugend-Balladen noch ein anderes und viel größeres Werk kommen könnte. Er wollte es aber, und er war dafür bereit, sich immerfort zu häuten, neu zu erfinden, alles neu zu sehen und zu durchdenken. Er hat ja nicht nur eine Kette literarischer Metamophosen durchlaufen, an deren Ende der größte deutsche Romanschriftsteller des 19. Jahrhunderts schlüpfte und der Einzige von europäischem Rang. Er hat auch eine Kette von politischen Metamorphosen durchgemacht. Er war ein echter Märzradikaler, der 1848 mit dem Gewehr an der Barrikade stand, er hat sich mit den Wanderungen durch die Mark Brandenburg und mit seiner Stelle bei der *Kreuzzeitung* tief in den preußischen Konservatismus eingelebt und ist am Ende seines Lebens wieder aus Preußen herausgeschlüpft. Vom Bewunderer Bismarcks wurde er zu seinem erbittertsten Gegner, den triumphalistischen Wilhelminismus hat er zutiefst gehasst.

Mit diesem »Altersradikalismus«, den Thomas Mann bei aller Bewunderung an dem verehrten Dichter beklagte, war aber nicht einfach die republikanische Freiheitsbegeisterung der Jugend wieder durchgebrochen. Das alte Preußen blieb eine Liebe, aber nur als Preußen. In dem Moment, wo es sich für Deutschland nahm und das Reich dominierte, sah er es nur noch als Verhängnis. Fontanes Häutungen waren Prozesse fortschreitender Differenzierungen, aber es waren Differenzierungen ums Ganze. Die Gesellschaft, die er auf seinem gewundenen Weg durch alle Schichten kennenlernte, wurde ihm zu einem Albtraum erstarrter Konvention, ohne dass er indes jemals den Blick für den individuellen Spielraum zu humaner Größe verlor. Dass der Mensch immer auch anders kann, als die bornierte Umwelt nahelegt, gibt seinen Romanfiguren erst ihre grausame Fallhöhe. Auch hier bewährte sich sein langsam errungener Sinn für die entscheidende Differenzierung.

Was kann man nun von Fontane lernen? Natürlich nicht seine Kunst. Aber man kann lernen, was er selbst gelernt hat: die Freiheit des Urteils von allen Verfestigungen, die Freiheit von den eigenen Bornierungen und denen der Umgebung, die Freiheit zur seelischen Beweglichkeit bis ins höchste Alter, die Freiheit aber auch, an einem eigenen Weg ohne vorher gewusstes Ziel festzuhalten, ohne jemals zu erstarren oder zu verbittern. Es steckt auch in seiner Kunst eine menschliche Freiheit, letztlich eine höhere, vollständig unbestechliche Souveränität, die freilich, das darf man nicht unterschlagen, für die engere und weitere Umgebung immer auch eine Zumutung, ein schlimmes Ärgernis sein kann. Dieses kostbare Ärgernis der humanen Souveränität ist Fontanes moralisches Vermächtnis.

Vita

Theodor Fontane wurde 1819 als Sohn eines Apothekers hugenottischer Herkunft in Neuruppin geboren. Er wuchs in Neuruppin und Swinemünde auf, begann 1836 eine Apothekerlehre. 1839 veröffentlichte er seine erste Novelle, »Geschwisterliebe«. 1840 trat er eine Stelle als Apothekergehilfe in Burg bei Magdeburg an, fand im Folgejahr eine Anstellung in Leipzig, danach in Dresden, arbeitete schließlich in der Apotheke des Vaters in Letschin. 1843 knüpfte er Kontakte zum literarischen Verein »Tunnel über der Spree« in Berlin. Ab April 1844 leistete er Militärdienst als Einjährig-Freiwilliger. 1847 erhielt er seine Approbation, entschloss sich aber 1849, den ungeliebten Beruf aufzugeben und freier Schriftsteller zu werden. 1850 erschien sein Buch, »Männer und Helden. Acht Preußenlieder«. Im gleichen Jahr heiratete er Emilie Rouanet-Kummer. Ein Jahr später nahm er eine Stelle als preußischer Pressebeauftragter an, hielt sich 1852 sowie 1855 bis 1859 als Korrespondent in London auf. Nach seiner Rückkehr trat er 1860 in die Redaktion der ›Neuen Preußischen Zeitung‹ ein. 1862 bis 1889 erschienen seine Artikel über die Grafschaft Ruppin in fünf Bänden unter dem Obertitel »Wanderungen durch die Mark Brandenburg«; Fontane überarbeitete und ergänzte diese Texte zeitlebens. Von 1870 bis 1889 arbeitete er als Theaterkritiker der ›Vossischen Zeitung‹. 1864 berichtete er als Korrespondent aus Kopenhagen über den Deutsch-Dänischen Krieg, im Jahr 1870 reiste er nach Paris, um über den Deutsch-Französischen Krieg zu informieren. Ab 1876 widmete er sich ganz der freien Schriftstellerei. Er verfasste Balladen, die zu Musterbeispielen ihrer Gattung zählen (»Die Brück' am Tay«, 1880, »John Maynard«, 1886, »Herr Ribbeck zu Ribbeck im Havelland«, 1889) und schrieb Gesellschaftsromane, deren Hintergrund die soziale Struktur und Geschichte Preußens bilden, u. a. »L'Adultera« (1882) und »Effi Briest« (1895). Theodor Fontane starb 1898 und wurde auf dem Französischen Friedhof II in Berlin begraben.

Else Lasker-Schüler

Wir lesen ihre Stücke, ihre Gedichte, ihre Briefe … Ach, wen gibt es heute, der verkühlte Gehirne und verkaufte Herzen so erweichen kann?

Von Iris Radisch

Eigentlich war sie eine jüdische Bankierstochter aus Elberfeld. Geboren 1869. Assimiliertes deutsches Bürgertum, Klavier, Gouvernante, Lektüre. Die Mutter, beinahe noch in der Goethezeit geboren, liest nichts als Goethe. Sitzt mit ihrer jüngsten Tochter irgendwann im späten 19. Jahrhundert in Elberfeld am Rosenholztisch und dichtet mit ihr. Wenig später geht die Tochter nach Berlin, verlässt Elberfeld und die Goethezeit mit Siebenmeilenstiefeln, frequentiert die Berliner Cafés, gerät in den Sturm, die große Umwälzwoge der Jahrhundertwende, schreibt Gedichte, Prosa und Theaterstücke, heiratet, lässt sich scheiden, heiratet erneut, hat einen unehelichen Sohn, ist alleinlebend, alleinerziehend, alleinverdienend, nennt sich »der Prinz von Theben«. Eine unglaubliche Karriere, eine verstörende Erscheinung.

Die großen Einbrüche, als die Zeit der Geheimräte und der Geheimnisse so schnöde zu Ende ging, als mit einem Windstoß alles Beschauliche und Überschaubare zerbrach, als die Maschinen dampften, als die Geschwindigkeit ihr gefräßiges Maul aufriss, als die großen Kriege sich am Horizont zusammenbrauten und die Welt enger und fremder wurde mit jedem Tag – all das hat sie nicht nur in ihrer hellseherischen Nervosität erspürt und am eigenen Leib erlebt, sondern auch ausgedrückt und mit einem grandiosen Wiederverzauberungsversuch pariert.

Wild geschmückt, in orientalische Gewänder und bunte Tücher gehüllt, deklamiert sie, begleitet von Drehorgeln und Schüttelbüchsen, wie eine letzte, verlorene Wüstenruferin im grauen kaiserlichen Berlin ihre magischen Zaubersprüche, versucht mit allen Mistelzweigen der Kunst, die freudlose Grenze zwischen Leben und Poesie niederzureißen. Ihr zweiter Ehemann, Herwarth Walden, veröffentlicht ihre Verse in seiner legendären Expressionistenzeitung *Der Sturm*. Die deutsch-nationale Presse hält ihr »vollständige Gehirnerweichung« vor. Sie erhebt Anklage, die Gerichte geben den Literaturkritikern recht, sie finden, dass der Vorwurf der Gehirnerweichung nicht über das »berechtigte Ziel der kritischen Betrachtung« hinausschieße.

Sie ist verletzt. Im Alter wird sie böse. Die böse Alte. Das trotzige Kind. Sie schimpft auf eine Welt, die sich ihren Verführungskünsten nicht gebeugt, die den »toten Fisch im Herzen« hat, die »wunderlos und kalt« ist. Und hat sie nicht recht? Noch immer leiden wir unter Entzauberung und Unterkühlung, unter der superokayen Coolness unserer berühmten postideologischen Gegenwart, die alle Zeiger auf Geld, Tempo und Tamtam gestellt hat. Wen gibt es heute, der verkühlte Gehirne und verkaufte Herzen erweicht? Der Wunder, Kindlichkeit, Traum und Geheimnis nicht mit einem Opern-Abonnement, sondern mit dem eigenen Leben bezahlt?

In den dreißiger Jahren emigriert die Dichterin der *Hebräischen Balladen* zunächst nach Zürich, dann nach Jerusalem. Einer ihrer letzten Freunde und Bewunderer, der Schriftsteller und Literaturwissenschaftler Werner Kraft, schreibt 1942 über die einsame und ein wenig verwahrlost durch Jerusalem irrende alte Frau: »Sie kann nicht leben und nicht sterben, sie kann nur toben und hat den Grund vergessen, und er wird ihr nie mehr einfallen.« Und doch hat sie in jenen letzten Jahren ihre innigsten Gedichte geschrieben, das schönste heißt *Mein blaues Klavier,* das »steht im Dunkel der Kellertür, / Seitdem die Welt verrohte«, zerbrochen ist seine »Klaviatür«, und man weint um »die blaue Tote«. Das schreibt sie 1937, ein Jahr vor der Kristallnacht.

Ihre allerletzten Verse singen nur noch von der Müdigkeit, am Leben zu sein. Mond und Sterne, die märchenhaften Verbündeten, haben ihre Gegenverzauberungskraft verloren. Unzählige Menschen, klagt sie, seien schon tot im Leben, schuldig an der »Verdunkelung der Welt«. Dass wir aus den »Kellern unserer Herzen« wieder heraus ans Licht finden, hat sie uns gewünscht. Doch bevor sie das überprüfen konnte, ist sie im Januar 1945 in Jerusalem gestorben.

Vita

Elisabeth (Else) Schüler wurde 1869 in Elberfeld, heute ein Stadtteil von Wuppertal, als Tochter assimilierter jüdischer Eltern geboren. 1894 heiratete sie den Arzt Berthold Lasker und ging mit diesem nach Berlin. 1899 wurde ihr Sohn Paul geboren. Else Lasker-Schüler veröffentlichte 1902 ihren ersten Gedichtband »Styx«. Im folgenden Jahr ließ sie sich scheiden und heiratete den Schriftsteller Herwarth Walden, 1912 wurde auch diese Ehe geschieden. Das Zerbrechen dieser Beziehung überwand die Dichterin mit dem Verfassen des Briefromans »Mein Herz«; hierin mythisierte sie sich selbst zum »Prinzen von Theben«. Sie war mittlerweile zur führenden Repräsentantin des Expressionismus avanciert. Mit Gottfried Benn verband sie eine enge Freundschaft, und sie widmete ihm zahlreiche Liebesgedichte. Sie pflegte außerdem Freundschaften mit Georg Trakl, Karl Kraus und Franz Marc. 1913 erschien ihre Gedichtsammlung »Hebräische Balladen«, und sie begann, sich in ihrer Lyrik zunehmend mit ihrer Herkunft und Familie auseinanderzusetzen. 1932 wurde die Dichterin mit dem Kleist-Preis ausgezeichnet. Doch bereits 1933 sah sie sich der nationalsozialistischen Bedrohung, sogar tätlichen Angriffen auf offener Straße ausgesetzt und floh nach Zürich. Dort erhielt sie jedoch keine Arbeitsgenehmigung, erfuhr aber Unterstützung durch den Jüdischen Kulturbund und reiste mehrfach nach Palästina. Der Ausbruch des Zweiten Weltkrieges verhinderte ihre Rückkehr in die Schweiz. 1943 erschien in Jerusalem ihr letzter Gedichtband »Mein blaues Klavier«. Else Lasker-Schüler starb 1945, ihr Grab befindet sich am Fuße des Ölbergs in Jerusalem.

Emmy Noether

Sie ist eine der bedeutendsten Wissenschaftlerinnen des 20. Jahrhunderts. Doch fast mehr noch als das beeindruckt ihr Wille, niemals aufzugeben

Von Christoph Drösser

»Fräulein Noether war das bedeutendste kreative mathematische Genie seit der Einführung der höheren Bildung für Frauen«, schrieb Albert Einstein am 5. Mai 1935 in der *New York Times,* drei Wochen nachdem Emmy Noether an den Komplikationen einer Operation gestorben war, bei der man ihr eine Eierstock-Geschwulst entfernt hatte.

Einstein schrieb nicht »das bedeutendste weibliche mathematische Genie«, obwohl er das sicherlich gemeint hatte. Emmy Noether gehörte zu den brillantesten Vertretern ihrer Zunft, und wären Wissenschaft und Gesellschaft nur ein klein bisschen offener für Frauen gewesen am Anfang des 20. Jahrhunderts, dann wäre Emmy Noether heute vielleicht ein ähnliches Idol wie Einstein.

Parallelen gibt es jedenfalls genug: Auch Emmy Noether stammte aus einer jüdischen Familie, neigte linken und pazifistischen Gedanken zu und musste in der Nazizeit Deutschland verlassen. Und ähnlich wie der Erfinder der Relativitätstheorie legte sie wenig Wert auf ihr Äußeres und galt als etwas verschroben. Sie hatte einige Kilo zu viel, und mit Formalitäten wie Tischmanieren hielt sie sich nicht auf. Ihre Mathematiker-Kollegin Olga Taussky-Todd beschreibt ein Mittagessen, bei dem Noether »wild gestikulierte, sich ständig bekleckerte und dann völlig ungestört das Essen von ihrem Kleid wischte«.

Aber während Einstein zum ersten wissenschaftlichen Superstar des 20. Jahrhunderts wurde, kann man die Karriere von Emmy Noether nur als ein großes Trotzdem beschreiben. Zu jedem Zeitpunkt waren die äußeren Umstände gegen sie.

Das begann schon, als die 18-Jährige, die eine Ausbildung als Sprachenlehrerin (natürlich für Mädchenschulen) absolviert hatte, im Jahr 1900 an der Universität Erlangen Mathematikvorlesungen hören wollte, was Frauen damals nur als »Gasthörerin« erlaubt war. Sie war eine von zwei jungen Damen, für die man eine Ausnahme machte, und durfte sich als Exotin unter die rund 1000 Studenten mischen. Promovieren konnte sie danach, aber als David Hilbert, damals wohl der größte Mathematiker der Welt, Noether eine Professur in Göttingen beschaffen wollte, lehnte das zuständige preußische Ministerium ab; Professorinnen waren damals einfach nicht vorgesehen.

Erst nach dem Ersten Weltkrieg stand Frauen eine akademische Karriere offen. Emmy Noether wurde 1919 habilitiert und konnte nun endlich unter eigenem Namen Vorlesungen halten – freilich unbezahlt als Privatdozentin, ein karges Gehalt bekam sie erst nach der Hyperinflation 1923, als ihre gesamten Ersparnisse aufgebraucht waren und sie ansonsten buchstäblich verhungert wäre. Wissenschaftlich ging es dafür kometenhaft aufwärts mit ihr. Sie scharte in Göttingen eine verschworene Gruppe von Studenten und jungen Wissenschaftlern um sich, die »Noether-Knaben«, und entwickelte mit ihnen wesentliche Teile der Algebra weiter.

Die Objekte, mit denen Noether jonglierte und die teilweise nach ihr benannt wurden, heißen Ringe, Ideale und Moduln. Sie wurden in die Mathematik eingeführt als Abstraktionen von Zahlen- und Funktionsräumen – aber für Emmy Noether waren sie keine Abstraktionen, sondern Objekte ihrer direkten Anschauung. »Sie konnte nur in Begriffen, nicht in Formeln denken, und darin lag gerade ihre Stärke«, schrieb einer ihrer Schüler, der bekannte Algebraiker Bartel van der Waerden, in einem Nachruf.

Weil sie aus ihrer Sympathie für die Sowjetunion keinen Hehl machte und auch vorübergehend in Moskau lehrte, war Noether eine der ersten Jüdinnen, die 1933 ihre Anstellung an der Universität verloren. Freunde besorgten ihr einen Lehrauftrag am amerikanischen Bryn Mawr College, einer reinen Frauenuniversität. Sie hielt aber auch Vorträge in Princeton, wohin es den ebenfalls emigrierten Albert Einstein verschlagen hatte.

Zwei Jahre später starb Emmy Noether. Ihr Name ist heute praktisch nur noch Mathematikern geläufig. Immerhin ist ein Mondkrater nach ihr benannt – aber der liegt auf der Rückseite des Erdtrabanten.

Vita

Emmy Noether wurde 1882 in Erlangen als Tochter eines jüdischen Professors für Mathematik geboren. Sie besuchte die Städtische Höhere Töchterschule und legte 1900 in Ansbach die Staatsprüfung zur Lehrerin für englische und französische Sprache an Mädchenschulen ab. 1903 bestand sie die Abiturprüfung als Externe. Anschließend besuchte sie Vorlesungen in Mathematik an der Universität Göttingen, 1904 immatrikulierte sie sich an der Hochschule ihrer Heimatstadt. 1907 promovierte sie im Fach Mathematik, wurde 1915 von ihren ehemaligen Professoren David Hilbert und Felix Klein ans Mathematische Institut nach Göttingen geholt. Ihr Habilitationsantrag wurde jedoch abgelehnt, weil Frauen nicht zu Habilitationsverfahren zugelassen waren. Da sie offiziell auch nicht unterrichten durfte, hielt sie ihre Vorlesungen im Namen ihres Professors David Hilbert. Erst 1919 wurde die Habilitationsordnung geändert, und Noether habilitierte sich als eine der ersten Frauen in Deutschland. 1922 trat sie eine außerordentliche Professur in Göttingen an, mit ihren Forschungen erlangte sie weltweit Anerkennung. Sie entwickelte etwa das Theorem über Invarianten und Differentialvarianten, das sogenannte »Noethersche Theorem«, ebenso den »Noetherschen Ring« und gilt als Begründerin der abstrakten Algebra. 1933 wurde ihr nach der Machtübernahme Hitlers die Lehrerlaubnis entzogen und sie emigrierte in die USA. Dort war sie als Gastprofessorin am Women's College Bryn Mawr in Pennsylvania tätig und forschte am Institute for Advanced Studies der University of Princeton. Außerdem erschien 1933 ihre bedeutende Studie »Nichtkommutative Algebra«. Emmy Noether starb 1935, ihr Grab befindet sich auf dem Gelände des Bryn Mawr College.

Karl Valentin

Das Leben, das Denken, die ganze Welt ist ein einziges Abenteuer. Wir müssen nur lernen, alles richtig misszuverstehen und ins Nichts hinauszutanzen

Von Peter Kümmel

Es gibt ein berühmtes Profilfoto, auf dem sieht Karl Valentin so aus, als habe ein Comiczeichner ihn aufs Papier geworfen: Ein groteskes wandelndes Zeichen, eine verbogene lebende Antenne ist da zu erkennen, aber gewiss kein glückliches Menschenkind.

Karl Valentin war eine knochige Gestalt auf riesigen Füßen, von der man sich vorstellen kann, dass sie lange in irgendeinem Halbdunkel gestanden hat, ehe sie entdeckt wurde. Der Mann ging, das sah man gleich, im Leben nicht auf; das Leben war ihm ein unlösbares Problem. Der Kritiker Alfred Polgar schrieb über ihn: »Seine Verlegenheit ist ein Stück Ur-Verlegenheit der Kreatur darüber, daß sie da ist.« Die Urverlegenheit haftete an ihm ein Leben lang. Der Münchner Komiker Valentin begriff die Welt nicht, und er bewies, dass sie nicht zu begreifen war.

So wurde Karl Valentin, ohne dass es ihn groß interessiert hätte, ein Pionier der Kunst. Dem absurden Theater und dem modernen Film hat er die Wege gebahnt, die wichtigsten Dramatiker des 20. Jahrhunderts, Bert Brecht und Samuel Beckett, hat er beeindruckt und beeinflusst.

Beckett sah den Bayern Karl Valentin 1937 auf der Bühne, und manche Valentin-Dialoge wirken wie vorausgenommene Sätze aus Becketts *Endspiel*, beispielsweise dieser: »Finden Sie die Welt nicht schön?« – »Nein! – was soll denn da schön sein? – Das Unschöne geht doch schon mit der Geburt an.« Oder dieser: »Wenn alle so denken würden wie Sie, dann wäre doch niemand auf der Welt.« – »Dann wäre es doch schön.« – »Für wen?« – »Für die Menschen, welche nicht auf der Welt sein müssten!«

Von dem französischen Schriftsteller Paul Valéry stammt der Satz »Durch den Körper wird das Denken erst ernst«, und wenn man sich mit Valentin beschäftigt, wird einem der Satz plausibel. Sein Denken hat eine Genauigkeit, der kein Körper und keine Sprache gewachsen sind. Valentins gekrümmter Leib ist nur dazu da, die inneren Kämpfe zwischen einem Gedanken, der nach Ausdruck ringt, und einer Sprache, die dazu nicht in der Lage ist, nach außen zu melden.

Wenn Valentin erklärt, wo er früher gewohnt hat, geht das so: »... in der Sendlinger Straße könnt man ja gar nicht wohnen, weil immer die Straßenbahn durchfährt, in den Häusern hab ich gewohnt in der Sendlinger Straße. Nicht in allen Häusern, in einem davon, in dem, das zwischen den andern so drin steckt, ich weiß net, ob Sie das Haus kennen ...«

Er beschreibt die Welt, als habe das vor ihm noch keiner getan. Es ist, als sei die Sendlinger Straße gerade erst plastisch geworden und als lägen die Münchner Verhältnisse im Schöpfungsfrühnebel und seien noch nicht gültig benannt. Valentin benennt sie also, und je genauer er es tut, desto größer wird das Chaos, das er stiftet.

Er ringt sprachlich um Halt und stürzt. Aber im Sturz bewahrt er Haltung. »Es ist schon alles gesagt. Nur nicht von jedem.« Das ist ein Valentin-Befund, den andere ihm geklaut haben. »Mögen hätt ich schon wollen, aber dürfen hab ich mich nicht getraut«: Dieses geniale Allzweck-Klappmesser von einem Satz verlacht vorauswissend den modernen Psycho-Jargon. Und wenn er einem Menschen befiehlt, sich nicht zu rühren, sagt er es so: »Du bleibst hier, und zwar sofort!«

Valentin kräht seine Pointen nicht mit jenem stolzen Grunzen heraus, das heutige »Comedians« so schwer erträglich macht, er bringt sie beiläufig und eher betrübt, als sei jeder Witz nur ein weiteres Indiz für die Absurdität des Lebens. Die Wiener Floskel »Weißt eh B'scheid« beziehungsweise »Kennst di eh aus«, welche suggeriert, dass es eine Hochebene menschlicher Erfahrung gebe, über die nicht gestritten, ja nicht mal gesprochen werden müsse, ist zur Leitfloskel unserer Talkshow-Gesellschaft geworden – die Unterstellung, es existierte ein gesunder Menschenverstand. Valentin zeigt, dass Menschenverstand mit Gesundheit weit weniger zu tun hat als mit deren Gegenteil. Valentin sagt: *There is no sense in common sense!*

Man sieht ihm zu, wie er denkend ins Nichts, man könnte auch sagen: ins Freie hinaustanzt. Am Ende steht man mit ihm draußen im All – und sieht den Heimatplaneten für einen Moment von außen.

Warum er eine Uhr ohne Zeiger an seiner Kette trage, wird er gefragt. Darauf hat er drei Antworten. Zuerst eine absurde Antwort: Soll er vielleicht einen Hund an die Kette hängen? Dann eine pragmatische: Eine Uhr ohne Zeiger ist besser als gar keine Uhr. Zuletzt eine metaphysisch-spirituelle: Vielleicht geht sie ja doch, innen!

Er war ein Hypochonder, ein Apokalyptiker, ein Angstneurotiker. Und doch, in seinem Schatten lernt man das abenteuerliche

Denken. Vielleicht geht die kaputte Uhr ja doch, innen! Nur ein Sisyphus, der den Felsen sein Leben lang gerollt hat, kann für möglich halten, dass der Fels im Innersten lebt.

Vita

Karl Valentin wurde als Valentin Ludwig Fey 1882 in München geboren. Der Sohn eines Spediteurs machte eine Schreiner- und Tischlerlehre und arbeitete bis 1901 als Tischlergeselle. Er hatte erste öffentliche Auftritte als »Vereinshumorist«, trat 1902 am Varieté Zeughaus in Nürnberg auf; dies bereits unter dem Namen Karl Valentin. Nach dem Tod des Vaters übernahm er dessen Speditionsfirma, die jedoch bankrott ging. Er übersiedelte daraufhin mit seiner Mutter in deren Heimatstadt Zittau. 1907 kehrte er nach München zurück, bekam 1908 ein Engagement als Volkssänger im Frankfurter Hof. 1911 begegnete er Elisabeth Wellano, die unter dem Pseudonym Liesl Karlstadt 1913 seine Bühnenpartnerin wurde. Im gleichen Jahr heiratete er die Mutter seiner beiden Kinder, Gisela Royes. 1912 bis 1929 drehte Valentin in einem eigenen Filmstudio etwa 40 Kurzfilme, ab 1914 trat er mit seinem Bühnenprogramm »Tingeltangel« auf, worin auch der Sketch »Die Orchesterprobe« enthalten war. Während des Ersten Weltkriegs war er wegen seiner Asthmaerkrankung vom Wehrdienst freigestellt. 1915/16 übernahm er die Leitung des Münchner Kabaretts »Wien-München«. Anfang der zwanziger Jahre freundete er sich mit Bertolt Brecht an, spielte u. a. 1923 in dessen surrealistischem Film »Mysterien eines Frisiersalons« die Hauptrolle. Gastspiele führten den Kabarettisten nach Zürich, Wien und Berlin. 1931 öffnete er ein eigenes Theater, »Goethe-Saal«, das er nach acht Wochen bereits wieder schließen musste, weil er sich Brandschutzbestimmungen widersetzt hatte. Sein Kuriositätenkabinett »Panoptikum«, das er 1934 dem Publikum präsentierte, musste im Folgejahr aus finanziellen Gründen schließen. 1941 zog sich der Künstler nach Planegg zurück. Nach dem Krieg verkaufte er Haushaltsartikel, nahm 1946 eine Stelle als Depotverwalter an. 1947 trat er wieder gemeinsam mit Liesl Karlstadt auf, der frühere Erfolg blieb jedoch aus. Karl Valentin starb 1948 und wurde auf dem Friedhof von Planegg bestattet.

Joachim Ringelnatz

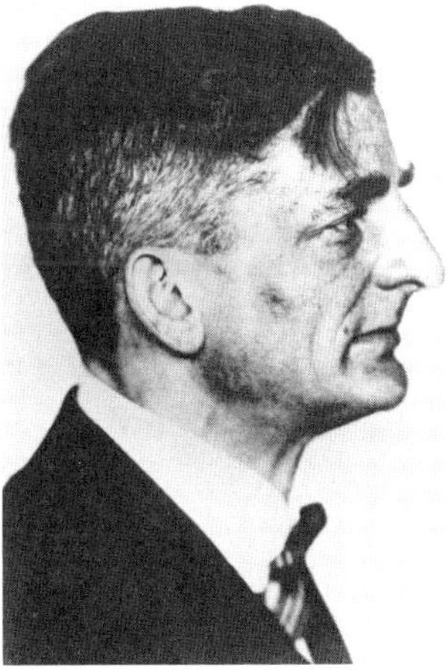

Weiter, weiter, immer nur weiter! So frech wie genial dichtete Hans Bötticher die Welt ins fröhliche Chaos. Ach, triebe er doch noch seinen Schabernack!

Von Hella Kemper

Also lissen tu mi: Der scheue Elf mit dem melancholischen Vogelgesicht ist erfüllt von einer nicht zu enttäuschenden Liebe zum Leben und einer kaum zu stillenden Abenteuerlust. Fort, fort, nur fort – keine 17 Jahre alt, lässt Hans Bötticher das bürgerliche Elternhaus in Wurzen bei Leipzig und die geliebten Eltern hinter sich, um als Schiffsjunge auf einem Segler anzuheuern. Aber nicht jugendliche Naivität, nicht Unreife, sondern eine quälende innere Unruhe lässt ihn die Grenzen ausloten, die ihm Herkunft, Persönlichkeit und die Welt, wie sie ist, setzen. Von Anfang an ist er auf der Suche nach dem Wesentlichen. Weiter, weiter, nur weiter! Darum begibt er sich in Gefahr. Darum hat er gehungert und gefroren, darum hat er ein wildes, wirres Leben geführt, sich ausgesetzt.

Joachim Ringelnatz nannte er sich seit 1919. Gelehrt war dieser deutsche Dichter nicht, aber frei und freigeistig, als Schriftsteller und als Mensch. Seine spielerisch leichten Verse, seine frechen, reimfrohen Miniaturen wurden gern als skurril und unkonventionell abgetan. Aber sie sind ja so viel mehr: feinsinnig und undogmatisch, voller Empathie und nicht weit vom Wahnsinn und doch so nah am lebensprallen Dasein. In den Gedichten, aber auch in seiner Prosa stecken viele Ringelnatze: Ringelnatz als Halbstarker, Landstreicher, Matrose, als Schaufensterdekorateur, Bibliothekar, Gefangener, als Marineleutnant, Liebender, Student, als Zigarrenhändler, Bohemien, Zauberer und Ehemann. Das alles war er.

Spät, nicht zu spät, in den Zwanzigern, wurde er ein fleißiger Vortragskünstler und diszipliniert arbeitender Schriftsteller. Mit Kuttel Daddeldu erfindet er sich ein Alter Ego, das von unglaublichen Abenteuern auf See erzählt, in seinen Kindergedichten stiftet er zum Bergmannspielen (in weißen Anzügen) und Omahauen an, und die Turngedichte geben jegliche Bürgerlichkeit preis.

Natürlich wird ein solcher – in seiner Zeit – verkannt: Schon als Schüler gilt Ringelnatz als schwer erziehbar, wird gepeinigt von zu reger Phantasie und ist als charmanter Bengel im Samtanzug hübsch anzusehen. Später trinkt er zum Frühstück Schnaps und putzt sich – das hat der Hamburger Autor Hans Leip überliefert – mit Bier die Zähne.

Ringelnatz liebt die Welt: zu Wasser, in der Luft und an Land; in jammervollen Absteigen und Bordellen, unter sadistischen Kapitänen, in Strapazen und Gefahr. Und das alles mit seinem tollen Vogelgesicht. Bei seinen Auftritten als Kabarettist brauchte er nicht viel: Matrosenanzug und Mimik – und schon reimte er im Münchner Künstlerlokal Simpl die Welt untergangsreif. Der traurige Clown, der Seiltänzer auf zu hohem Seil: Vor zu tiefem Fall bewahrten ihn die Lyrik, die Malerei und Muschelkalk – seine große Liebe Leonharda Pieper, mit der er 14 Jahre in München und Berlin zusammenlebte. Und so gehören seine Liebesgedichte wohl zum Schönsten, was er geschaffen hat: »Ich hab dich so lieb! / Ich würde dir ohne Bedenken / Eine Kachel aus meinem Ofen / Schenken!«

Ringelnatz war Romantiker, Schalk, Abenteurer – und die sind heutzutage viel zu selten geworden. Über das Seepferdchen, das Ringelnass, das ihn zu seinem Künstlernamen inspirierte, reimt er schwärmerisch: »Als ich noch ein Seepferdchen war, / Im vorigen Leben, / Wie war das wonnig, wunderbar / Unter Wasser zu schweben.« Das Gedicht aber endet: »Und wer bedauert wohl später meine restlichen Knochen? / Es ist beinahe so, dass ich weine – / Lollo hat das vertrocknete, kleine / Schmerzverkrümmte Seepferd zerbrochen.« Und so stirbt Ringelnatz viel zu früh, von den Nazis von der Bühne vertrieben, mit nur 51 Jahren.

Ach, triebe er doch noch seinen Schabernack,
die Welt wär bunter, verdammt und zickezack.

Vita

Joachim Ringelnatz wurde 1883 mit dem bürgerlichen Namen Hans Bötticher als Sohn des Schriftstellers Gustav Bötticher in Wurzen bei Leipzig geboren. In der Schule fiel er oft negativ auf, wurde schließlich vom Gymnasium verwiesen und besuchte fortan eine Privat-Realschule, die er 1901 vorzeitig abschloss. Er wollte Seemann werden und arbeitete in den nächsten Jahren als Leichtmatrose auf verschiedenen Schiffen, immer wieder aber auch in schlechtbezahlten Nebenberufen, war zwischenzeitlich arbeitslos. Ab 1906 machte er eine kaufmännische Lehre in Hamburg, arbeitete als Hausmeister und schließlich in einem Münchner Reisebüro. In München verkehrte er in der Schwabinger Künstlerkneipe »Simplicissimus« und trug hier regelmäßig den Gästen seine Gedichte vor, schloss u.a. Freundschaften mit Frank Wedekind und Erich Mühsam. 1911 erschien sein erster Band autobiographischer Texte, »Was ein Schiffsjungen-Tagebuch erzählt«. In den nächsten zwei Jahren verdiente er seinen Lebensunterhalt als Privatbibliothekar der Familie Graf Yorck von Wartenburg in Schlesien und als Schaufensterdekorateur in München. Es erschienen ein Gedichtband mit sogenannter Unsinnspoesie, »Die Schnupftabakdose«, und der Novellenband »Ein jeder lebt's«. 1914 meldete er sich freiwillig zum Kriegdienst bei der Marine, doch seine Kriegsbegeisterung ließ schnell nach. 1920 publizierte er erstmals unter dem Pseudonym Joachim Ringelnatz: »Die Ballade vom Seemann Kuttel Daddeldu« sowie die »Turngedichte«. Im Herbst des Jahres gab Ringelnatz sein Debüt in der Berliner Kleinkunstbühne »Schall und Rauch«. Er publizierte noch mehrere Bücher, bis er von den Nationalsozialisten 1933 Auftrittsverbot erhielt und seine Bücher den Bücherverbrennungen zum Opfer fielen. 1934 starb Joachim Ringelnatz in Berlin. Sein Grab befindet sich auf dem Berliner Waldfriedhof Heerstraße.

Kurt Schwitters

Aus nichts alles machen, den Kosmos zerlegen und neu zusammensetzen, der Unform Form geben. Seine Kunst sucht das Leben

Von Hanno Rauterberg

Kuhu kuhu, rrt-rrt! Schwii-It schwii-It, ters-ters, ters-ters! Man muss nur den Namen dieses Künstlers hören, schon weicht der hohe Ernst, schon spürt man die Lust am Zischen, Zirpen, Flöten, Gurren, am Zerpflücken der Wörter, am Zerschnippeln der Bilder, an jenem wunderbar gepflegten Unsinn, mit dem sich Kurt Schwitters einst die eigene Weltordnung zusammenreimte und -leimte. Er selber taufte sich Kuwitter.

Alles war dieser Kuwitter: ein Mann mit »siebenundzwanzig Sinnen«, Maler, Sammler, Bastler, Werbegraphiker, Dichter, Romanautor, Architekt, der Geliebte von *Anna Blume* – doch Vorbild? »Kraff / püsch / kraff«, hätte er mit seinem *Hustenscherzo* geantwortet.

Nein, seine Kunst, dessen war Schwitters gewiss, sei ein »absolut individueller Hut, der nur auf einen einzigen Kopf passte«. Sollten die anderen, die Futuristen, Surrealisten, Konstruktivisten, sich zu großen Bewegungen verbünden, sollten sie davon träumen, die Welt durch Kunst zu erneuern – Kurt Schwitters, 1887 in Hannover geboren, war sich selbst Bewegung genug.

Er wollte kein Heros sein, kein Utopist, wollte sich nicht einspannen lassen für hehre Ideale. Die Kunst war ihm Mittel und Zweck genug, »erhaben über alle Plakate, ob sie für Sekt, Dada oder Kommunistische Diktatur gemacht sind«.

Prompt wurde Schwitters von Kollegen verhöhnt, er sei eben ein »Caspar David Friedrich der dadaistischen Revolution«, ein stiller Nebelwanderer, nicht gemacht für die Stürme des Jahrhunderts. Doch was als Spott gemeint war, gleicht heute einem Kompliment. Schwitters war nicht der Missionar einer höheren Wahrheit, doch er bewahrte sich eine hohe Hoffnung, romantisch grundiert: »Beziehungen zu schaffen, am liebsten zwischen allen Dingen der Welt.«

Also leimte er die Bruchstücke der Welt – »vom Doppelschienenschweißer bis zur Dreiviertelgeige« – in lauter wunderlichen Collagen der Alltäglichkeit zusammen und baute sein Haus in der Hannoveraner Waldhausenstraße 5 zu einer bewohnten Skulptur um, zu einer Art Gesamtkunstwerksgrotte aus »Latten, rostigen Schrottteilen, Familienporträts, Federungen, Zeitungen, Zement, Farben, Gips und Leim, viel Leim, viel Leim« (Hans Arp). Und weil er sich dabei nie in irgendeine Ideologie verbohrte, hatte seine Neugier freies Spiel. Alles war ihm Material, alles war Merz, so nannte er das. Und so formte er noch aus den absurdesten Klängen eine Ursonate: »bö fümms bö wö tää zää.«

Nichts fesselte ihn so sehr wie das Absurde, das Beiläufige und Banale – und gerade deshalb konnte Schwitters zum heroisch-unheroischen Urvater der wichtigsten Kunstbewegungen des 20. Jahrhunderts werden: zum Grenzüberschreiter, Gattungsüberwinder, zum Papa der Pop-Art, der Performance, des Nouveau Réalisme, der Fluxus-Kunst. Selbst Gegenwartskünstler wie Jonathan Meese oder Gregor Schneider sind Kuwitters im Geiste. Schwitters wollte nie Vorbild sein und ist es bis heute.

Anders allerdings als viele Zeitgenossen verlegte er sich nie aufs willkürliche Anhäufen, aufs nimmersatte Einverleiben, auf Materialschlachten ohne Anfang und Ende. Einerseits wollte er die »Befreiung von jeder Fessel«. Andererseits donnerte er schwittriggewittrig: »Freiheit ist nicht Zügellosigkeit, sondern das Resultat strenger künstlerischer Zucht.«

Der Unsinnsenthusiast als Zuchtmeister? Er ahnte offenbar, was heute vielerorts zu besichtigen ist: dass völlige Freiheit für die Kunst bedrohlich sein kann, weil sie leicht abrutscht ins Geplänkel, ins Beliebige. Nichts fürchtete Schwitters mehr als Willkür, deshalb die Zucht, deshalb das Beharren auf Komposition, auf Spannung, auf einer Kunst, die Beziehung sucht. »Das Ziel ist ernst, der Weg humorvoll« – und Schwitters damit ein wahres Vorbild. »tesch / haisch / tschiiaa« *(Niesscherzo).*

Vita

Kurt Schwitters wurde 1887 als Sohn wohlhabender Geschäftsleute in Hannover geboren. Er machte 1908 Abitur, besuchte die Kunstgewerbeschule Hannover und studierte ab 1909 an der Königlichen Kunstakademie Dresden. Nach dem Studium heiratete er 1915 Helma Fischer. 1917 wurde er zum Militärdienst eingezogen, den er in einer Schreibstube in Hannover ableistete. Nach dem Krieg begann er ein Architekturstudium an der Technischen Hochschule Hannover, das er jedoch abbrach. Er stellte 1919 in Berlin das erste Merzbild aus, eine Assemblage, die das Wortfragment »Merz« aufwies. Mit ›Merz‹ bezeichnete Schwitters fortan seine Collagetechnik, mit der er aus Alltagsmaterial, Fundstücken und Schrott Bilder und Skulpturen erstellte. 1920 präsentierte er Arbeiten in einer Ausstellung der ›Société Anonyme‹ in New York. Im September 1922 nahm er an einem Dada-Treffen in Weimar teil. Im folgenden Jahr begann er, die

Merz-Schriftenreihe herauszugeben. Ab diesem Jahr widmete er sich auch dem Merzbau, einer Raumplastik in seinem Haus in Hannover, die 1943 bei einem Bombenangriff zerstört wurde. Zwei weitere Merzbauten, die er später im Exil schuf, blieben unvollendet. Außerdem betätigte sich Schwitters als Lyriker und Schriftsteller, versuchte, mit phonetischen und typographischen Gedichten die Kunstgattungen zu verschmelzen. Aufsehen und Anerkennung erregte er auf diesem Gebiet 1919 mit dem Gedichtband »Anna Blume«. 1925 erschien die Grammophonplatte »Scherzo der Ursonate«. 1927 wurde die »Große Merzausstellung« als Wanderausstellung in mehreren deutschen Städten gezeigt. Nach 1933 wurde Schwitters' Kunst von den Nationalsozialisten als »entartet« gebrandmarkt, und der Künstler emigrierte 1937 nach Norwegen, 1940 nach London. 1945 ließ er sich in Ambleside im Lake District nieder. Kurt Schwitters starb 1948 in Kendal und wurde auf dem Friedhof in Ambleside beerdigt, seit der Überführung 1970 befindet sich sein Grab auf dem Engesohder Friedhof in Hannover.

Kurt Tucholsky

»Politik ist die Durchsetzung wirtschaftlicher Zwecke mit Hilfe der Gesetzgebung« – kann man es in unserer schwarz-gelben Republik treffender sagen?

Von Christian Staas

Man habe ihn »falsch geboren«, hat Kurt Tucholsky im Rückblick auf sein viel zu kurzes Leben geschrieben. Falsch: 1890 in Berlin, hinein in das von sich selbst besoffene deutsche Kaiserreich. In der Schule herrscht hackenknallende Disziplin; der junge Tucholsky reimt seine ersten Zeilen deutsch-national – Gehorsam, Pflicht, Kaiser und Staat. Bis es ihm dämmert: Nein!

Richtig wäre Frankreich gewesen. Als Korrespondent der linksliberalen *Weltbühne,* für die er seit 1913 schreibt (als sie noch *Schaubühne* hieß), darf er in den Zwanzigern für ein paar berauschende Jahre nach Paris. Deutschland lässt ihn allerdings auch hier nicht los; kaum ein Bericht endet ohne sein Amen: Schließt endlich Frieden mit Euren Nachbarn! Er hängt an Deutschland, liebt es sogar – solange es nicht brüllend und in Horden auftritt oder elitär demokratieverachtend. Als die Weimarer Demokratie dann vollends untergeht, weilt Tucholsky in der Schweiz; später findet er in Schweden ein Exil. Die Nazis bürgern ihn aus. So einer passt nicht ins Glied: Jude, linker Literat und Journalist, Pazifist, unermüdlicher Verteidiger der Republik und Gegner der »Bewegung«.

Zum Schluss lebt er am Rand der Resignation; was hatten die Hunderte Texte denn gebracht, in denen er seine Pointen gegen Weimars Feinde verschossen hatte? Tucholsky ist im Innersten ein trauriger Mensch. Sein Witz ist nicht selten der Depression abgerungen, unterm Heiteren gähnt ein Abgrund, selbst noch in seinem Liebesroman *Schloss Gripsholm*. Am 21. Dezember 1935 stirbt er in Schweden, schwer erkrankt, an einer Überdosis Schlaftabletten.

»Wenige werden wissen, daß hinter Ihrer scharfen Feder und Ihrer unverwüstlichen Kampfeslust ein so warmblütiger und in jedem Sinne menschlicher Freund steckte«, schrieb 1948 der Verleger Ernst Rowohlt an den Toten: »Jede Zeile, die ich von Ihnen gedruckt habe, war mir aus dem Herzen gesprochen, denn Sie waren ein Kämpfer gegen jegliche Reaktion, gegen jeden Blödsinn der Politiker und gegen jede spießige Gefühlsduselei … Sie, lieber Kurt Tucholsky, bräuchten wir heute.«

In den Fünfzigern, als alles neu und doch beim Alten war (eine neue Demokratie, die alten Nazis), wäre Tucholsky indes kaum glücklich geworden – auch wenn er sich fraglos für den Westen entschieden hätte: Die linke Diktatur hat er früh als solche erkannt, und an Adenauer hätte er den offenen Blick nach Westen, nach Frankreich, geschätzt. Gegen den Muff der Fuffziger hätte er lustvoll wütend angeschrieben – er, von dem man sagte, seine Chansons brächten selbst Perverse zum Erröten.

2010 wird man Tucholskys 120. Geburtstag feiern. Er wäre fremd in unserer Welt, in der die Ironie, die er so treffend einzusetzen verstand, nur mehr Ausdruck eines beliebigen Unernstes ist. Er würde feststellen, dass die Idiotie, sich brüllend das eigene

Deutschsein beweisen zu müssen, kein Ende hat und dass unverändert gilt, was er vor 80 Jahren schrieb: »Politik kann man in diesem Lande definieren als die Durchsetzung wirtschaftlicher Zwecke mit Hilfe der Gesetzgebung.« – »Wer glaubt einem politischen Schriftsteller Humor? Dem Satiriker Ernst? Dem Verspielten Kenntnis des Strafgesetzbuches?«, beklagte er einst. Er wäre wohl der Einzige, der heute von sich sagen dürfte, dieses Problem zu haben.

Als Autor der *Weltbühne* löste er es, indem er sich verfünffältigte: Ignaz Wrobel, Theobald Tiger, Kaspar Hauser, Peter Panter hießen die »homunculi«, die er sich zugesellte, um zwischen so vielen Stühlen wie möglich zu sitzen. Kaspar Hauser war das sprechendste dieser Pseudonyme: Wer die Welt nicht versteht, muss wachsam sein; wer wachsam ist, rennt keiner Fahne hinterher; und wer keiner Fahne hinterherrennt, muss achtgeben, dass er keine übergezogen bekommt.

»Ich bin wohl zu klein, meine Zeit steht mir bis zum Halse ...« Mit diesen Worten wandte sich Tucholsky 1926 an einen Leser in ferner Zukunft und phantasierte dessen Reaktion: »Da, ich wusste es: du lächelst mich aus.« Da hat er sich aber geirrt: Wir haben genug »Innenseiter der Gesellschaft« (Tucholsky). Sie sitzen in Redaktionen, Vorständen und Parteien und machen mit. Wir haben zu wenige, die wie er die Welt mit Kaspar-Hauser-Augen bestaunen und ihre Krallen ausfahren, die sich auch einmal trauen, was Walter Benjamin Tucholsky einst bitter vorgeworfen hat: »links vom Möglichen« zu stehen.

Vita

Kurt Tucholsky wurde 1890 in Berlin als Sohn eines jüdischen Bankkaufmanns geboren, wuchs in Stettin und Berlin auf. 1910 begann er ein Jurastudium, das er nach zwei Jahren abbrach. Er war bereits journalistisch und literarisch tätig, u. a. für die satirische Wochenzeitschrift ›Ulk‹ und das sozialdemokratische Parteiblatt ›Vorwärts‹, 1912 erschien sein Kurzroman »Rheinsberg – ein Bilderbuch für Verliebte«, der ihn einem größeren Publikum bekannt machte. Ab 1913 schrieb er für die linksliberale Theaterzeitschrift ›Die Schaubühne‹, die später in ›Die Weltbühne‹ umbenannt wurde. Anfang 1915 beendete er doch sein Jurastudium mit einer Promotion in Jena, wurde dann als Soldat einberufen. Von 1918 bis 1920 war er Chefredakteur der Zeitschrift ›Ulk‹ und arbeitete regelmäßig für die ›Weltbühne‹. Unter verschiedenen Pseudonymen veröffentlichte er politische Leitartikel, Reportagen, Glossen, Satiren und Rezensionen. 1919 erschien sein Gedichtband »Fromme Gesänge«. 1920 trat er der USPD bei und heiratete die Ärztin Else Weil, von der er sich 1924 scheiden ließ, um Mary Gerold zu ehelichen. Im Jahr 1923 war er als Privatsekretär in einem Berliner Bankhaus beschäftigt. Im Folgejahr ging er als Korrespondent der ›Weltbühne‹ und der ›Vossischen Zeitung‹ nach Paris. 1926 war er kurzzeitig Herausgeber der ›Weltbühne‹, übergab diese Position jedoch an Carl von Ossietzky. In den Jahren 1927 bis 1929 erschienen sein »Pyrenäenbuch«, »Mit 5 PS« sowie die Satire »Deutschland, Deutschland über alles«. Wegen der politischen Verhältnisse in seiner Heimat, vor denen er seit Jahren warnte, übersiedelte er 1929 nach Hindås in Schweden. Sein Roman »Schloss Gripsholm« erschien 1931. 1933 verboten die Nationalsozialisten seine Werke, verbrannten bei den Bücherverbrennungen auch seine Bücher und bürgerten den Autor aus. Kurt Tucholsky starb 1935 in Hindås, seine Asche wurde auf dem Friedhof in Mariefred nahe Schloss Gripsholm in Schweden beigesetzt.

Carlo Schmid

Er war halb Franzose, halb Deutscher, ganz Poet und ganz Politiker. Vor allem seine Vision von Europa sollte uns neu beflügeln

Von Michael Naumann

Die Sozialdemokraten hatten ihn 1959 als Präsidentschaftskandidaten in Stellung gebracht – er verlor gegen Heinrich Lübke. Für die deutsche Nachkriegsgeneration verkörperte er ein untergegangenes Honoratioren-Ideal: der gebildete Herr Professor, der jenseits der angeblich schmutzigen Politik agiert. Aber Carlo Schmid stand mit beiden Beinen im Alltag der jungen Demokratie. Die Verfassungsidee des konstruktiven Misstrauensvotums geht auf seine Anregung zurück.

Carlo Schmid, 1896 in Perpignan als Sohn eines deutschen Vaters und einer französischen Mutter geboren, verkörperte die Exzellenz schwäbischer Aufklärungs- und Bildungsgeschichte, von Anfang an erweitert durch die Klarheit französischer Literatur und Philosophie. Seine Memoiren erwecken den Eindruck einer Kindheit in einer europäischen Bibliothek grenzenlosen Reichtums. Seine Jugend im Wandervogel, seine schwärmerische Nähe zum George-Kreis – dieses Glück der frühen Jahre wurde nach

1914 auf die härteste Probe gestellt. Und er hat sie überlebt ohne Hass auf die Nachbarn jenseits des Rheins – im Gegenteil. Carlo Schmids kritische Liebe zu Frankreich sollte dem geschlagenen Deutschland nach 1945 zum politischen Vorteil gereichen.

In unserer Zeit, da der Vorwurf der »Bildungs- und Kulturbeflissenheit« einhergeht mit der Annahme, wer Musik höre und spiele, wer Bücher lese oder gar schreibe, sei untüchtig für die Anforderungen von Wirtschaft und Politik, heute also wirkt das Leben Schmids wie ein ferner Spiegel deutscher Geistesgeschichte. Und in der Tat schien er schon in den sechziger Jahren ein epochenversetzter Politiker zu sein, der allenfalls in seinem geliebten Frankreich Gesprächspartner wie André Malraux finden konnte.

Carlo Schmid, der in beiden Weltkriegen gedient hatte, war ein Quereinsteiger. Erst als 50-Jähriger verließ er, wie er in seinen *Erinnerungen* schreibt, den »Elfenbeinturm« seines gelehrten Lebens, ausgerüstet mit den »Texten der großen Geister der Antike«, die ihm, in seinen Worten, »einen Katalog von Mustern des Menschseins bescherten, der mir die Augen für den bunten Reichtum und die Widersprüche in der geschichtlichen Welt eröffnete. [...] Was ich vor mich hin lebte, war das Leben eines sehr weltlichen Hieronymus im Gehäuse. Ich fühlte mich dabei wohl bis zu dem Tag, da mir klar wurde, daß ein Leben, das nur sich selbst betrachtet, sich eines Tages im Bilde der Melancholia auf dem Blatt des Albrecht Dürer erkennen wird. Pure Betrachtung gibt dem Leben keinen Sinn. Sinn ist allein, wo einer das durch Betrachtung Begriffene ergreift und nach den Notwendigkeiten der Zeit in Taten umsetzt, die die Nöte der Zeit zu wenden vermögen.« Und er fährt fort: »Ich werde also in die Politik gehen müssen.«

In ihrem Heidelberger Programm von 1925 hatte sich die SPD zu dem Projekt der »Vereinigten Staaten von Europa« bekannt.

Zwanzig Jahre später dachte Schmid an Europa als »eigenständige Kraft, die fest genug gefügt wäre, um imstande zu sein, den beiden Supermächten, die im Begriff waren, die Welt unter sich in Einflusssphären aufzuteilen, die Waage zu halten«. Die Voraussetzung dafür, schreibt Schmid, sei die »Wiedervereinigung Deutschlands«.

Er sollte sie nicht mehr erleben. Den Weg über die Montanunion und den Europarat bis zur Europäischen Union von heute hätte die SPD ohne den Wegweiser Carlo Schmid nicht so leicht gefunden. Seinesgleichen gibt es in keiner Partei mehr.

Vita

Carlo Schmid wurde 1896 als Sohn eines deutschen Universitätsdozenten und einer Französin in Perpignan, Frankreich, geboren. Seine Kindheit verlebte er in Stuttgart, wo er 1914 Abitur machte. Am Ersten Weltkrieg nahm er als Soldat teil, u. a. in Verdun. 1919 begann er ein Studium der Rechts- und Staatswissenschaften in Tübingen, das er 1923 mit einer Promotion abschloss. Er zog nach Reutlingen, wo er zunächst als Anwalt, dann als Gerichtsassessor, als Amtsrichter, später als Landgerichtsrat arbeitete. 1927/28 war er als Referent für ausländisches öffentliches Recht und Völkerrecht am Kaiser-Wilhelm-Institut in Berlin tätig. 1929 habilitierte er sich in Tübingen und erhielt dort eine Anstellung als Privatdozent; wegen »mangelnder weltanschaulicher und politischer Zuverlässigkeit« wurde er von den Nationalsozialisten von möglichen Berufungsverfahren ausgeschlossen. 1940 wurde er zur Wehrmacht einberufen und als juristischer Berater der Oberfeldkommandantur der Wehrmacht (OKW) nach Lille in Frankreich kommandiert. Nach dem Krieg lehrte er als Professor für Völkerrecht in Tübingen, folgte 1953 einem Ruf nach Frankfurt am Main. Von 1947 bis 1950 war er Stellvertretender Staatspräsident und Justizminister des Landes Württemberg-Hohenzollern in der französischen Besatzungszone. Außerdem war er von 1947 bis 1973 Mitglied im

Parteivorstand der SPD sowie in den Jahren 1948/49 SPD-Fraktionsvorsitzender im Parlamentarischen Rat und Vorsitzender des Hauptausschusses. Schmid war maßgeblich an der Ausfertigung des Grundgesetzes beteiligt. Von 1949 bis 1972 war er Mitglied des Deutschen Bundestages, 1949 bis 1966 und 1969 bis 1972 dessen Vizepräsident. In der Regierung von Kurt Georg Kiesinger war er Bundesminister für Angelegenheiten des Bundesrats und der Länder. Von 1970 bis 1974 war er Vorstandsmitglied des Deutschen Rats der Europäischen Bewegung. Carlo Schmid starb 1979 in Bonn und wurde mit einem Staatsbegräbnis geehrt. Er ist auf dem Stadtfriedhof in Tübingen bestattet.

Hanns Eisler

Und weil der Mensch ein Mensch ist, braucht er Noten. Musik muss die Leute ändern. Denn: So geht es nicht weiter!

Von Ulrich Stock

Klein und rund war er, eine Zielscheibe des Spotts. Er habe die Statur eines Schneemanns, hieß es. Er sei das hässliche Entlein der Neuen Wiener Schule. Böse, böse! Andererseits war er wendig. Er wich aus, floh, 15 Jahre lang, bis nach Hollywood, während Europa zum Schlachtfeld wurde. Auch war er wortgewaltig, geboren in der (viel, viel späteren) Heldenstadt Leipzig, aufgewachsen in Österreich mit Schmäh, er wusste auszuteilen. Und weil der Mensch ein Mensch ist, braucht er Noten, bitte sehr: Hanns Eisler schrieb sie, Bertolt Brecht die Worte dazu.

Bedrückendes fehlte seinem Leben nicht: zwei Kriege, Inflation, Hitler hier, Stalin da, Flucht und Ungewissheit, Exil in der Fremde, und die geliebte Frau (eine der geliebten Frauen) verschwand auf 18 Jahre im sowjetischen Gulag – doch hörte man ihn selten jammern. War er nüchtern, gefühllos? Wer wollte über ihn richten!

»Kann das so weitergehen?«, das war seine Frage, und die Antwort gab gleich er: »Ich würde sagen: Nein, nein!« – »Etwas weiß ich!«, rief er. »Es wird sich Gewaltiges ändern!« Und hatte ja recht.

Er lebte im Widerspruch. Zu den Herrschenden, mit sich selbst. Damals hieß das Dialektik. Mal war er aller musikalischen Entwicklung vorweg, mal echt am Ende – als die Vereinigten Staaten, die ihm das Leben gerettet hatten, ihn, den Kommunisten, verfolgten. Als seine DDR, der er die herrliche Nationalhymne geschrieben hatte, das ihm Liebste, den *Doktor Faustus,* als Staatsoper nicht wollte, weil es nicht positiv genug war.

Der Vater Philosophieprofessor, die Mutter Arbeitertochter, das Spektrum der Gesellschaft als familiärer Spalt, so ging es gleich los. Hochkultur in der Wiege, in der Pubertät sozialismusinfiziert, Begeisterung für Arbeiterchöre – aber was sangen die? Was sangen die bloß? So einen Kitsch! Eisler wollte den Kampf, er munitionierte das Liedgut dazu.

Wenn sie heute um Opel bangen, wenn sie Quelle verramschen, dann schmettert kein Gewerkschaftschor dem Kapital sein Nichteinverstandensein entgegen. Ja, Komponisten seines Schlages, die könnten guttun jetzt, manchen Verdruss mildern, manches politische Vorhaben auf einen coolen Refrain bringen! Die Hip-Hopper würden ihn lieben, doch, schon. Er hatte beim großen Arnold Schönberg studiert, dem Zwölftonvater und Enttabuisierer des diabolischen Tritonus. Die Ästhetik, ja! Aber doch nicht alles Können auf die wenigen verwenden! Musik muss heraus aus den Salons, auf die Straße, vor die Werkstore, in die Fabriken!

»Wer nur von Musik etwas versteht, versteht auch von Musik nichts!« Das ist ein Satz! Immer alles mit Ausrufezeichen! Eisler!

Was jemandem wie ihm wohl zu dem Quotenquatsch unserer elektronischen Medien einfiele? Zur Verflachung des Hörfunks, der eigentlich ein Bildungsmedium ist? »Sie brauchen nur Ihr Radio aufzudrehen, zur x-beliebigen Tagesstunde, und Sie werden eine Fülle von Dummheit hören, die Sie, auch wenn Sie kein Musikkenner sind, als Dummheit erkennen werden.« Eisler!

»Die Leute müssen sich ändern, vielleicht auch die Mittel der Musik!« Eisler! »Denn so geht es nicht weiter, vor allem nicht in der Musik!« Eisler!

Und dann gibt es dieses Bild von ihm, klein und rund in der Badehose, Katze im Arm, um ihren Hals hat er die Hand. Rührend? Nein, Würgegriff!

Vita

Hanns Eisler wurde 1898 als Sohn eines Wiener Philosophen jüdischer Herkunft in Leipzig geboren, wuchs in Wien auf. 1916 wurde er zum Kriegsdienst einberufen, studierte ab 1919 am Neuen Wiener Konservatorium Musik und Kompositionslehre bei Arnold Schönberg und Anton von Webern. Hier lernte er seine erste Frau kennen, die er 1920 heiratete und mit der er einen Sohn hatte; Eisler war dreimal verheiratet. 1925 übersiedelte er nach Berlin, arbeitete als Komponist und Klavierlehrer für Arbeiterchöre, komponierte Kampflieder und sozialistische Kantaten. Ab 1927 arbeitete er für Bühne und Film, 1930 vertonte er erstmals einen Brecht-Text, das Lehrstück »Die Maßnahme«. 1933 emigrierte Eisler zunächst in die Tschechoslowakei, dann nach Paris, London und Wien. 1935 unternahm er eine Konzert- und Vortragsreise durch die USA, 1938 emigrierten der Komponist und seine zweite Frau nach New York, wo er eine Lehrtätigkeit an der New School for Social Research aufnahm. 1942 übersiedelte das Ehepaar nach Los Angeles. Eisler schuf mehrfach preisgekrönte Filmmusiken, wurde 1943 für seine Arbeit an dem Film »Hangmen Also Die!« für den Oscar nominiert. 1948 wurde er wegen kommunistischer Umtriebe aus den USA ausgewiesen und kehrte nach Wien zurück. 1950 zogen die Eislers nach Berlin (Ost), er wurde Professor und Leiter einer Meisterklasse für Komposition am Staatlichen Konservatorium für Musik, der heutigen Hochschule für Musik, die seit 1964 den Namenszusatz ›Hanns Eisler‹ trägt. Außerdem erhielt der Komponist von Johannes R. Becher, dem Kulturminister der DDR, den Auftrag, die Musik zu einem von ihm geschriebenen Gedicht zu komponieren; noch im gleichen Jahr wurde »Auferstanden aus Ruinen« zur offiziellen Nationalhymne der DDR erklärt. Eisler wurde zum Ordentlichen Mitglied der Deutschen Akademie der Künste der DDR gewählt. 1958 vollendete er nach 20 Jahren seine »Deutsche Sinfonie«. Hanns Eisler starb 1962 in Berlin und wurde auf dem Dorotheenstädtischen Friedhof beigesetzt.

Wolfgang Neuss

Heiliger Neuss, bitte für uns Kabarettisten, Kolumnisten, Feuilletonisten, Pointillisten, jetzt und in der Stunde unseres letzten Bonmots

Von Harald Martenstein

Neuss war witzig, Neuss war böse, manchmal war Neuss sogar brillant. Aber er war keiner von den scharfen Hunden, die beißen, bevor sie hinschauen. Bei seinem letzten großen Auftritt, am 5. Dezember 1983, dem, wie man heute weiß, wichtigsten Fernsehereignis jenes Jahres, traf er in einer Talkshow auf den damaligen Regierenden Bürgermeister von Berlin, Richard von Weizsäcker, den er konsequent »Richie« nannte. Zur allgemeinen Verblüffung konnten die beiden gut miteinander. Der kiffende linke Freak und der Aristokrat von der CDU hatten sich viel zu sagen. Und Neuss sprach das letzte seiner geflügelten Worte: »Auf deutschem Boden darf nie wieder ein Joint ausgehen.«

Er hat diesen Satz geklaut, von einer Glückwunschkarte, die ihm ein Fan aus dem Knast zu seinem 60. Geburtstag geschickt hatte. Das war nur gerecht. Denn niemand wurde, zu dieser Zeit, als er die langhaarige, zahnlose Indianersquaw war, so oft beklaut wie Neuss. Seine Charlottenburger Wohnhöhle war ein Wallfahrtsort für Kabarettisten, Moderatoren, Textproduzenten aller Art. Man ging zu Neuss, brachte ihm Dope mit, ließ ihn seine Monologe halten und schrieb die Pointen, die aus ihm herausströmten, heimlich mit. Alle dachten, er sei kaputt. In Wirklichkeit lebte das halbe kreative Deutschland von dem, was sein Gehirn immer noch hergab.

Wer heute längere Texte von Neuss liest, ist vielleicht enttäuscht. Neuss muss man hören, er war ein großer Performer und ein Genie der kleinen Form. Es sind rhythmisch genaue Miniaturen, die oft an vertraute Redewendungen anknüpfen und sie ins Absurde drehen. »Heut mach ich mir kein Abendbrot, heut' mach ich mir Gedanken.« – »Stell dir vor, es geht und keiner kriegt's hin.« – »Ich hab nie aufgehört, von unten anzufangen.« Aus rhythmischen Gründen hat er auch seinen Rufnamen »Hans« abgelegt und sich »Wolfgang« genannt.

Als einzigen Beruf hatte Neuss ausgerechnet Schlachter gelernt. Im Krieg schoss er sich angeblich einen Finger ab, um nicht mehr kämpfen zu müssen. Das ist allerdings nur eine Legende. Fest steht, dass er als Soldat nach Dänemark desertierte. Im Deutschland der Fünfziger und frühen Sechziger machte er Karriere als komischer Vogel, damals war er größer als Dieter Hildebrandt und Wolfgang Gruner. In seiner Liga spielte höchstens noch Heinz Erhardt. Neuss war, als öffentliche Figur, ungefähr das, was später Otto Waalkes wurde oder Mario Barth, nur dass seine Witze – nicht alle, aber viele – politisch waren und er eine intellektuelle Aura besaß, die heute geschäftsschädigend wirken würde.

In Wirklichkeit las er nicht viel. Tucholsky lernte er erst spät kennen, eine Brecht-Inszenierung, in die ein Freund ihn schickte, verließ er gelangweilt in der Pause. Allein im Jahr 1955 drehte er zehn Filme, in der Waldbühne trat er vor 20 000 Leuten auf, zeitweise fuhr er einen Jaguar E. Als er aber 1962, vor der letzten Folge, verriet, wer in der Fernsehserie *Das Halstuch* der Mörder war, verkalkulierte er sich. Das Publikum nahm ihm das übel. 1968 war sein Abstieg, auch der finanzielle, bereits in vollem Gang. Er selber sah das wohl anders. Das Haschisch, sagte er, habe ihn vom Alkohol und von den Tabletten kuriert, die in den Erfolgsjahren sein Treibstoff waren.

Aufstieg, Fall, Comeback: ein schöner, klassischer Rhythmus, im Leben wie in seinen Pointen. Kann Wolfgang Neuss ein Vorbild sein? Als Weltkriegssoldat hat er angefangen, dann wurde er wohlhabend und erfolgreich, so ehrgeizig, so schnell und so hungrig wie die ganze Bundesrepublik. Am Ende war er ein meditierender Hippie, der nicht mehr viel brauchte und seinen jungen Kollegen die schönsten Pointen spendierte. Neuss war sanft geworden. 1983, bei seinem letzten großen Auftritt, wirkte er weiser, gelassener und abgeklärter als Weizsäcker.

Von Neuss lernen wir: Reiß die Schnauze auf, so weit du kannst. Aber sei nicht verbissen dabei. Versuche, die Menschen zu durchschauen und sie trotzdem zu mögen. Neuss sagte: »Ich bin kein Beispiel, ich bin ein Vorspiel.«

Vita

Hans Otto Wolfgang Neuss wurde 1923 in Breslau geboren. Nach der Volksschule begann er eine Landwirtschafts- und Fleischerlehre, ging als Fünfzehnjähriger nach Berlin, um Clown zu werden. Im Zweiten Weltkrieg wurde er zum Arbeitsdienst eingezogen, 1941 an die Ostfront geschickt. Er wurde mehrfach verwundet, unterhielt mit seinem komischen Talent die Soldaten in den Lazaretten. Nach Kriegsende hatte er kleinere Auftritte in ganz Deutschland. 1949 lernte er Wolfgang Müller kennen, mit dem er in einem gemeinsamen Bühnenprogramm als »Die zwei Wolfgangs« auftrat; der Unfalltod Müllers beendete 1960 die gemeinsame Erfolgsgeschichte.

Zwischen 1950 und 1967 war Neuss in 53 Filmen zu sehen und spielte in verschiedenen Theaterinszenierungen. Mitte der sechziger Jahre hatte er sich einen Ruf als einer der besten Kabarettisten Deutschlands erworben, 1964 erhielt er den Berliner Kunstpreis. Ende der sechziger Jahre wurde sein Drogenkonsum publik, und er musste eine negative Pressekampagne über sich ergehen lassen. Daraufhin erklärte er sich zum politischen Flüchtling, reiste für mehrere Wochen nach Schweden. Zurück in Berlin schloss er sich der APO an. Seine Bühnenerfolge blieben aus, und so ging er 1969 für einige Zeit nach Chile. Er blieb in den siebziger Jahren weitgehend der Öffentlichkeit fern, wurde 1979 wegen Drogenbesitzes zu einer mehrmonatigen Haftstrafe verurteilt. Anfang der Achtziger feierte er ein Comeback auf der Bühne, nahm Schallplatten und Kassetten auf. Für sein Kabarett-Programm »Neuss vom Tage« im WDR erhielt er den Deutschen Kleinkunstpreis 1983. Bei einer Hausdurchsuchung im Folgejahr fand die Polizei erneut Haschisch und LSD, die Haftstrafe wurde jedoch zur Bewährung ausgesetzt. An seinem 65. Geburtstag verabschiedete sich der krebskranke Künstler mit einem letzten öffentlichen Auftritt von seinem Publikum. Wolfgang Neuss starb 1989 in Berlin und wurde neben seinem Partner Wolfgang Müller auf dem Waldfriedhof Zehlendorf beigesetzt.

Romy Schneider

Fehler? Viele. Falsche Filme, falsche Männer, Alkohol, Tabletten, Schulden. Aber was für ein Herz!

Von Anita Blasberg

Als Romy Schneider sich auf den Weg machte, Paris zu erobern, war sie 19 Jahre alt und sprach kein Wort Französisch; sie hatte gerade diesen zwielichtigen Herzensbrecher Alain Delon eingefangen und ließ alles hinter sich, was ihr Leben damals ausmachte: ihre Mutter und ihren Stiefvater, alle wohlmeinenden Agenten, den klebrigen Ruhm der *Sissi*-Filme. Sie war jetzt eine Verräterin.

Das größte Missverständnis über Romy Schneider ist wohl, dass sie ein Opfer war, eine unschuldig Gejagte. Vielmehr war sie selbst eine Jägerin. Schon als 13-Jährige notierte sie in ihr Tagebuch: »Ich muss auf jeden Fall einmal eine Schauspielerin werden. Ja! Ich muss!« Sie war der absoluteste Mensch, den ich je kennengelernt habe, sagt ihr Lieblingsregisseur Claude Sautet. Eine Million Mark hatte man ihr für einen weiteren *Sissi*-Film geboten, aber sie lehnte ab. Spielte stattdessen in Frankreich Theater, experimentierte mit Filmen, die niemand sehen wollte. Und war am Ende die größte Schauspielerin Frankreichs.

Und das ist der Grund, warum man sie vermisst: Schneider war stur, wenn sie sich einmal etwas in den Kopf gesetzt hatte, und sie war hemmungslos unvernünftig – nicht Delon wählte damals sie, Schneider wählte Delon. Flog nach Abschluss der Dreharbeiten spontan nach Paris und teilte ihm mit, dass sie zusammengehören. Sie war es auch, die sich für ihren ersten Mann, Harry Meyen, entschied. Das wird sich doch wohl regeln lassen, sagte sie angesichts von Meyens Ehe und zahlte dessen Frau, der Schauspielerin Anneliese Römer, 200 000 Mark für die Freigabe. Ihren letzten Ehemann, den viel jüngeren Daniel Biasini, lernte sie auf einem Filmset kennen, er gefiel ihr – also machte sie ihn erst zu ihrem Privatsekretär, dann zu ihrem Ehemann.

Sie kümmert sich nicht um das, was andere denken. Bei den Proben mustert sie Komparsen mit den Worten »Ich suche mir meine Kerle selber aus«. Und als ihr Filmpartner Yves Montand sie begehrt, beginnt sie eine heftige Affäre mit seiner Frau Simone Signoret. Am Set von *Nachtblende* brüllt sie den Regisseur Zulawski an: »Frauen sind nicht mehr eure Laufburschen!«

Wer traut sich das noch? Heute, wo jede Szene in der nächsten Stunde auf YouTube erscheinen, wo jeder Satz das Image beeinträchtigen kann. Wo alles glatt sein muss. In einer Zeit, in der es vor allem darum geht, Fehler zu vermeiden, wirkt Schneider wie eine romantische, wilde Figur aus längst vergangener Epoche. Eine Frau, die mit der Radikalität eines Kindes alles wollte: schon damals Kinder und Karriere, Selbstgestricktes und Chanel; eine Frau, die sich nackt vor einer Kamera inszenierte und trotzdem Feministin war, die sich jüngere Männer hielt – lange bevor Madonna das zum Trend machte.

Fehler? Hat sie ständig gemacht. Falsche Männer, falsche Filme, Alkohol, Tabletten, Steuerschulden. Was ist so schlimm an Fehlern, würde eine wie Schneider fragen. Und ja, was wäre eigentlich so schlimm, würde zum Beispiel Josef Ackermann zugeben, dass er sich geirrt hat, würde Frank-Walter Steinmeier sich bei Murat Kurnaz entschuldigen, würde Angela Merkel endlich einmal erklären, was sie will?

Romy Schneider war ein Herzensmensch. Herzensmenschen leben gefährlich, sie machen sich verletzlich, angreifbar. Bei ihren Rollen war nie das Geld ausschlaggebend, sondern ob eine Figur sie reizte. Sie hat ihr Herz vorausgeworfen und ist hinterhergesprungen. Jedes Mal. Auch wenn sie notorisches Lampenfieber hatte. Wenn sie fast zugrunde ging vor Angst und Zweifel.

Junge Schauspielerinnen sprechen heute ehrfürchtig von Romy Schneider. Es ist Schneiders Konsequenz, die beeindruckt. Ihre Zerrissenheit, die sie nicht versteckte. Widerborstig und verwundbar, angriffslustig und anschmiegsam. Merkwürdig. Diese Frau hatte keine Angst vor dem Leben. Deshalb liebten die Franzosen sie abgöttisch, deshalb war sie in Deutschland bis zu ihrem Tod nur die Sissi.

Vita

Romy Schneider wurde 1938 als Tochter des Schauspielerehepaars Wolf Albach-Retty und Magda Schneider mit dem Namen Rosemarie Magdalena Albach in Wien geboren. Sie wuchs mit ihrem Bruder bei der Großmutter in Berchtesgaden auf. Ihr Schauspieldebüt gab sie 1953 in dem Heimatfilm »Wenn der weiße Flieder wieder blüht«, in dem ihre Mutter die Hauptrolle spielte. Der internationale Durchbruch gelang ihr bereits zwei Jahre später mit dem ersten der drei »Sissi«-Filme. 1958 hatte sie bei Dreharbeiten Alain Delon kennengelernt, mit dem sie sich 1959 verlobte und nach Paris zog. Hier spielte sie in deutsch-französischen Koproduktionen sowie in Theaterinszenierungen, etwa die weibliche Hauptrolle in »Schade, dass sie eine Hure ist« unter der Regie von Luchino Visconti. 1962 war sie in der Rolle der Leni in der Verfilmung von Kafkas Roman »Die Verwandlung«

unter der Regie von Orson Welles zu sehen. Nach der Trennung von Alain Delon unternahm sie 1964 einen Selbstmordversuch. Von 1966 bis 1975 war sie mit dem Schauspieler und Regisseur Harry Meyen verheiratet, der gemeinsame Sohn wurde im Jahr der Heirat geboren. 1971 beteiligte sie sich an der provokanten ›Stern‹-Aktion von Alice Schwarzer und bekannte als eine von 374 Frauen: »Wir haben abgetrieben!« 1973 arbeitete sie erstmals mit dem Regisseur Claude Chabrol. 1975 heiratete sie ihren elf Jahre jüngeren Sekretär Daniel Biasini, mit dem sie eine Tochter bekam. 1976 und 1978 erhielt sie den César, 1977 wurde ihr das Deutsche Filmband in Gold in der Kategorie Beste Hauptdarstellerin für ihre Darstellung in »Gruppenbild mit Dame« verliehen. Romy Schneider galt in den siebziger Jahren als erfolgreichste Schauspielerin Frankreichs. Im Februar 1981 ließ sie sich von Biasini scheiden, im Juni desselben Jahres verunglückte ihr Sohn tödlich. Außerdem drehte sie ihren letzten Film, »Die Spaziergängerin von Sans-Souci«. Romy Schneider starb 1982 in Paris und wurde in Boissy-sans-Avoir beigesetzt.

Herbert Riehl-Heyse

Ein großer Reporter, ein Journalist mit Gerechtigkeitssinn und Courage, ein Bürger der Tat. Ein Mensch, der fehlt

Von Giovanni di Lorenzo

Wahrscheinlich erweist sich die Größe eines Menschen auch dann, wenn er sich schwach zeigt. Herbert Riehl-Heyse war oft ängstlich, eitel, gefallsüchtig. Aber er hat das immer bekannt und etwas ausgesprochen, was die meisten Kollegen nur unter Folter zugeben würden: Er sei nicht zuletzt deshalb Journalist geworden, »um beachtet zu werden und sich wichtig fühlen zu können«.

Er gehörte zu den Menschen, denen man nichts übelnehmen konnte – sei es, weil sie so entwaffnend ehrlich sind, sei es, weil man ihnen so deutlich anmerkt, dass sie andere Menschen in aller Regel mögen. Es ist gewiss nicht übertrieben, wenn man sagt, dass dieser Menschenfischer das Genre der Reportage in Deutschland erneuert hat: Er machte sich selbst zum Subjekt der Geschichte, und weil er seine Gefühle und Ansichten so deutlich offenbarte, wirkten seine Geschichten am Ende oft objektiver als jene, die eine besondere Überparteilichkeit beanspruchen. Dabei half ihm eine unnachahmliche Begabung zur Ironie (und zur

Selbstironie), die ein Schutzmantel war, im Privaten wie im Beruflichen.

Denn er war ein verletzter Mensch. Im April 1945, kurz vor Kriegsende, als er selbst viereinhalb Jahre alt war, ermordeten SS-Leute seinen Vater im Hof des Landratsamtes von Altötting. Er hatte sich geweigert, für das letzte Aufgebot herhalten zu müssen. Natürlich wurde nie jemand für die Schüsse belangt, und Riehl-Heyse wuchs mit den Kindern jener Nachbarn auf, die diese Untat damals noch gefeiert hatten.

Seine Sanftmut, von der selbst jene noch profitierten, die er später in seinen Geschichten als besonders verwerflich beschrieb, hat Kraft gekostet. Wenn an der heiklen These etwas dran sein sollte, dass Krebserkrankungen auch psychische Auslöser haben könnten – Herbert Riehl-Heyse, der im April 2003 an einem besonders heimtückischen Darmtumor starb, wäre dafür eine furchterregende Bestätigung. Man fragte sich manchmal, ob er nicht vor Wut hätte explodieren müssen.

In späteren Jahren, besonders in den Jahren seiner Krankheit, widmete er sich mit großer Hartnäckigkeit den Wirrungen und Irrungen der journalistischen Branche. Niemand verteidigte so couragiert Menschen, die Opfer einer Kampagne geworden waren; da siegte sein Gerechtigkeitssinn über jedes Vorurteil. Journalisten, so eins seiner berühmten Aperçus, litten unter zwei Berufskrankheiten: Selbstüberschätzung – und Selbstunterschätzung.

Herbert Riehl-Heyse war wie wenige verwurzelt in seiner bayerischen Heimat, die er, halb erschrocken, halb spottend, lange Jahre als Beute der CSU beschrieb, jener Partei also, »die das schöne Bayern erfunden hat«. Wobei Heimat hier auch die von ihm geliebte und ihn liebende *Süddeutsche Zeitung* meint. Als er im Jahr 1989 für vier Monate Chefredakteur des *sterns* wurde, hatte man den Eindruck, er sei schon auf der Fahrt im Nachtzug von München nach Hamburg eingegangen wie eine umgetopfte Zimmerpflanze.

Sechs Jahre nach seinem Tod spielen sich in den Medien Affären ab, die wahrscheinlich auch seine große Phantasie überfordert hätten (vom Schicksal der schrumpfenden CSU ganz zu schweigen): Vor neun Jahren machte er unter dem Titel *Die Süßstoff-Offensive* ein ARD-Papier öffentlich, das neue Richtlinien für Fernsehfilme und Hauptabendserien des Senders formulierte. »Unkompliziert« sollten sie sein, »einfach« und »klar« – eine Kampfansage an viele Filmemacher, die bis dahin angeblich die Zuschauer vergrault hatten mit »Lehrhaftigkeit« und »Tiefsinn«. Verfasserin war unter anderen eine gewisse Doris J. Heinze. Als Fernsehspielchefin des NDR ist sie im September 2009 gefeuert worden, weil sie sich selbst und ihrem Gatten Drehbücher zugeschanzt hatte, für die sie selbst der Maßstab war.

Woran man merkt, dass jemand zum Vorbild taugt? Daran, dass niemand in der Lage ist, die Lücke zu füllen, die Herbert Riehl-Heyse hinterlassen hat.

Vita

Herbert Riehl wurde 1940 in Altötting geboren. Nach dem Abitur, das er in Burghausen ablegte, studierte er Jura. Erste journalistische Erfahrungen sammelte er bei der »Münchner Katholischen Kirchenzeitung«, 1968 absolvierte er ein Volontariat beim »Münchner Merkur«, wechselte 1971 zur »Süddeutschen Zeitung«, wo er ab 1987 als leitender Redakteur und Kolumnist wesentlich den Stil der Zeitung prägte. 1989 war er für einige Monate Chefredakteur des ›Sterns‹, kehrte jedoch bald zur ›SZ‹ zurück. Auch als Buchautor trat er regelmäßig hervor, 1979 erschien etwa sein Buch »CSU – Die Partei, die das schöne Bayern erfunden hat«, 1995 »Götterdämmerung«, 1998 »Ach, Du mein Vaterland. Gemischte Erinnerungen an 50 Jahre Bundesrepublik«. Für seine journalistische Arbeit wurde er u. a.

mit dem Theodor-Wolff-Preis (1978), dem Egon-Erwin-Kisch-Preis (1984) und dem Medienpreis des Deutschen Bundestages (1993) ausgezeichnet. Herbert Riehl-Heyse starb 2003 in Eichenau bei München.

Stan Libuda

Tolle Fußballer gab und gibt es viele. Einen wie ihn nur einmal. Denn er hat gezeigt, dass es das Glück allein im Spiel geben kann

Von Stefan Willeke

Reinhard Libuda, den alle Stan nannten, Stan Libuda, beherrschte in seinem Leben nur eine Sache – links antäuschen und rechts vorbeiziehen. Er konnte das Leben überhaupt nur ertragen, weil er diese eine Sache beherrschte wie kein anderer. Linker Fuß, rechter Fuß, links, rechts, vorbei. So fing alles an, so hörte alles auf. In dem Fußballverein Schalke 04, für den er bis zum Jahr 1974 stürmte, verdiente sich Libuda die Rückennummer 7 und wurde zuständig für Wunder. Er konnte seine Gegner schwindelig spielen. Ein Künstler war er, kein Torjäger. Ein Jahrhundertgenie.

Auf einer Litfaßsäule in Gelsenkirchen-Schalke klebte damals ein Werbeplakat der Kirche mit der Aufschrift »An Gott kommt keiner vorbei«. »Außer Libuda«, kritzelte jemand dahinter. Man weiß nicht, ob die Geschichte stimmt, aber darauf kommt es nicht an. In der Glückauf-Kampfbahn in Gelsenkirchen dribbelte ein drahtiger, sensibler Mann, ein paar Jahre lang der beste

Rechtsaußen des Landes, ein paar Spiele lang der beste Rechtsaußen der Welt. Ein Hilfsschlosser mit abgebrochener Lehre, ein Niemand in einer rußgeschwärzten Stadt, ein Mann ohne Bücher und ohne Anekdoten, ein auf die Außenbahn reduzierter Mensch gab unzähligen Zuschauern den Glauben an ein Spiel von trickreicher Schönheit.

Links, rechts, links, rechts. Er konnte nur diese eine Sache, und er verschmolz darin vollkommen. Er war nicht klug, nicht witzig, nicht selbstbewusst, nicht redegewandt, nicht offenherzig, nicht flexibel, nicht fröhlich. Aber er konnte eine unbändige Hoffnung versammeln in dem Klang seines Namens, dieses Fankurven-Namens, der durch das Stadion rollte wie eine Hymne. Stan Libuda war das größte Versprechen, zu dem sich diese kleinlaute Stadt jemals hinreißen ließ. 1970, während der Weltmeisterschaft in Mexiko, sagte Bulgariens Trainer, nachdem seine Verteidiger an dem hakenschlagenden Libuda gescheitert waren: »Diesen Mann kann man nur mit einer Flinte erlegen.«

Libuda war wie geschaffen für den symbolischen Moment, der von der Täuschung lebt. Von Dauer war bei ihm nichts. Er konnte nicht glänzend sein, ohne im nächsten Moment wieder blass zu sein. Seinem Spiel fehlte die Konstanz. Aber er steigerte sich sofort, sobald er die Liebe der Anhänger fühlte. Er vertraute dem Ball, er misstraute dem Leben. Tobte in seinem Kopf die Idee, seine Frau betrüge ihn, stand er wie gelähmt auf dem Fußballplatz.

Er konnte sich nicht einstellen auf eine Existenz außerhalb des Fußballplatzes, nicht einmal kleine Geldbeträge fehlerfrei zusammenzählen, nicht einmal einen gutgehenden Tabakladen übernehmen, ohne das Geschäft zu ruinieren. Er verlor den Halt. Aber als ihm keine Arbeit mehr gelang, war er bereit, sich zu erniedrigen, indem er den Boden in einer Papierfabrik wischte, sich nach dem Putzlappen bückte und sich zwang, zufrieden auszusehen, wenn ein Fotograf auftauchte.

Er trug Sportschuhe, als er in seiner Wohnung am Schalker Markt tot umfiel. Da war er 52 Jahre alt, krebskrank, fast vergessen. Erst die Meldung von seinem Tod erinnerte die meisten Fußballfans daran, dass es ihn einmal gab. Am Ende hatte er fast alles verloren, seine Frau, sein Haus, seine Achtung vor sich selbst. Und doch hatte er etwas Erstaunliches bewiesen.

Er konnte noch immer ein Vorbild sein, dann, wenn er nicht trank. Er schenkte seinem erwachsen gewordenen Sohn, der unter der Hilflosigkeit des einst bewunderten Vaters litt, viele schwerelose Augenblicke. Die beiden mussten nur den Fernseher einschalten und verfolgen, wie ein Fußball über einen Rasen glitt.

Wenn Stan Libuda – was nie seine Absicht war – der Welt etwas hinterlassen hat, dann die Zuversicht, dass es sich lohnen kann, die endlosen Tage des Unvermögens auszuhalten für die zauberhaften Minuten des Glücks.

Vita

Reinhard Libuda wurde 1943 als Sohn eines Bergmanns in Wendlinghausen geboren, wuchs im Arbeiterviertel Haverkamp in Gelsenkirchen auf. Ab 1952 spielte er Fußball in der Jugendmannschaft des FC Schalke 04. Seine Maschinenschlosserlehre brach der 17-Jährige ab, nachdem er als Vertragsspieler des Vereins verpflichtet worden war. Seinen Spitznamen Stan erhielt er in Anlehnung an den englischen Fußballer Sir Stanley Matthews, dessen sogenannten »Matthew-Trick«, links antäuschen – rechts vorbeigehen, Libuda bis zur Perfektion beherrschte. 1963 debütierte er in der Nationalmannschaft in einem Spiel gegen die Türkei. Als Nationalspieler war er auch im sogenannten Jahrhundertspiel gegen Italien bei der WM 1970 eingesetzt. 1966 wechselte er zu Borussia Dortmund, schoss den Verein im selben Jahr mit seinem 2:1-Siegtreffer gegen

Liverpool zum Gewinn des Europapokals der Pokalsieger, wechselte jedoch 1968 zurück zu Schalke. Aufgrund seiner Verstrickung in den Bundesliga-Skandal in der Saison 1970/71 wurde er vom DFB auf Lebenszeit gesperrt. Diese Sperre wurde nach zwei Jahren aufgehoben, und Libuda kehrte nach einem Intermezzo bei Racing Straßburg in Frankreich zu Schalke zurück. 1976 beendete er seine Profikarriere. Da er seine Lehre als Jugendlicher abgebrochen hatte, fand er nun lange Zeit keine Arbeit, lebte zurückgezogen und verarmt in Gelsenkirchen, wurde schließlich in einer Druckerei angestellt. Stan Libuda starb 1996 in seiner Heimatstadt.

Hans-Joachim Kulenkampff

Er war kein Showmaster, er war ein echter Meister. Ob so einer auch heute gewinnen könnte? Schön wär's!

Von Hanns-Bruno Kammertöns

Früher war alles besser? Nein, nicht alles – aber er. In einer seiner letzten Sendungen hatte er den deutschen Astronauten Ulf Merbold zu Gast. Wie lange er denn da oben auf der russischen Raumstation Mir zugebracht habe, wollte der Quizmaster bei der Begrüßung wissen. »Mehrere Wochen«, antwortete Merbold artig – was Kriegsteilnehmer Hans-Joachim Kulenkampff zu der Bemerkung veranlasste: »Nun, da war ich länger in Russland.«

Fernsehdeutschland am Samstagabend im Jahr 2009: Ein Stadl, die Musi spielt, Hansi aus Kitzbühel ist da – wäre Kulenkampff, dem doch noch immer etwas eingefallen war, auch zu diesem Schrecken etwas Amüsantes eingefallen? Bestimmt.

In den besten Momenten dieses Showmasters versammelten sich 25 Millionen Menschen vor den Geräten und hatten das feierliche Gefühl, dass Fernsehen besser nicht ging. Dass das Medium, wiewohl noch recht jung, bereits mit diesem Mann im Zenit seiner Möglichkeiten angekommen war. Kulenkampff, der da

Mitte der siebziger Jahre vor die klobig-grauen Kameras trat, jodelte nicht, er hatte auch keinen Text, er hatte nur glaubhaft Lust, am Samstag um 20.15 Uhr ein paar andere Leute zu treffen.

Manchmal zogen sich die Gespräche, etwa wenn der Meister, der 1921 in Bremen geboren wurde, von seinem Segelschiff erzählte. Manchmal dauerte es, bis die Schwallereien des Skippers in eine Pointe mündeten – aber niemand konnte so wunderbar daherreden wie er. Gelegentlich unterbrach ihn seine schöne Assistentin, die Uschi, später war es die Gabi. Kulenkampff, der ewige Stenz, mochte den Anblick seiner schönen Assistentinnen. Und überhaupt der Frauen: »Lächelt mich so eine kleine Italienerin an, habe ich Text für drei Stunden.« Wenn er dann ungeniert die Kostüme und die Beine der Mitarbeiterinnen zu Ende betrachtet hatte, war es meist auch schon halb neun.

80 Prozent Einschaltquote hatten seine Unterhaltungssendungen. Dass er etwas Ordentliches gelernt hatte, vom Theater kam, streute er gelegentlich ein. Zum Beispiel, wenn er bei EWG, bei *Einer wird gewinnen,* wie ein Gast seiner eigenen Sendung leicht breitbeinig durch die Kulissen schlenderte und plötzlich Klassiker zu rezitieren begann. Eigentlich war dies seine Welt, in die Niederungen des Fernsehens hatte er sich nur verirrt. Als ihn die ZEIT einmal in der Nähe von Coburg besuchte, dort drehte er gerade *Baron Münchhausen,* hatte Kulenkampff eigentlich jemanden aus dem großen Feuilleton erwartet und nicht einen jungen Reporter, der ihn eher als Quizmaster aus dem Fernsehen kannte. »Ach so«, meinte er damals.

War ein Kandidat bei Lessing oder Rilke nicht mit der richtigen Antwort zur Stelle, dann ging es ab, dann rollte Kulenkampff ungläubig mit den Augen. In diesem Augenblick hätte er zur Strafe jeden an die Wand spielen können. Weil er so freundlich war, tat er es nicht.

Wenn Lässigkeit je Gestalt annahm, dann bei ihm. Anders als die Kollegen Peter Frankenfeld, Hans Rosenthal und Joachim Fuchsberger war Kulenkampff bei seinem Quiz allenfalls mit mittlerem Ernst bei der Sache. Er brauchte keine Million auszuloben, bei ihm gab es über Jahrzehnte 8000 Mark zu gewinnen. Fertig. Im Hintergrund dirigierte ein unermüdlicher Kapellmeister das Orchester, vorn machte der Quizmaster vor, wie man einer leicht errötenden Kandidatin aus Frankreich vollendet an die Seele fasst. Gerade auch für uns Jüngere Bildungsfernsehen pur.

Einer für alle, alle für einen – Mutti, Vati und die Kinder. Klar, dass dies nicht immer so weitergehen konnte. »Ära, wem Ära gebührt«, rief der *Spiegel* ihm 1987 nach, als Kulenkampff die 82. und letzte große EWG-Sendung abmoderiert hatte. Es war nicht zu übersehen, dass es mit Bioleks *Mensch Meier* und *Wetten, dass..?* mittlerweile Formate gab, die etwas mehr in die Moderne passten. Doch zu »Hallentrottelspielen« hatte Kulenkampff keine Lust mehr. Bei Gelegenheit knötterte er schon mal vor sich hin, ließ er sich aus über die neue Zeit, auch über einen wie Harald Schmidt. Dass der 30 Autoren habe für 45 Minuten Geplaudere – »Also, ich hab das immer freihändig gemacht«.

Alles hat seine Zeit. Für einen Moment stellt man sich vor, wie es wäre, käme er noch einmal durch die große Fernsehtür. Also Eurovisionsfanfare, das große Tamtam. Ein Mann im grauen Anzug, die Haare wie immer etwas licht. Kulenkampff verneigt sich, beginnt seinen Begrüßungsmonolog, auch Gabi ist nicht weit. Wie wäre am Ende der Sendung, die Quote?

»Wer ist schon dieser Kulenkampff? 99 Prozent der Menschheit haben den Namen noch nie gehört«, meinte er in einem seiner letzten Interviews. »Und keiner kann behaupten, dass er deshalb etwas verpasst hätte.« Was falsch ist, so falsch!

Vita

Hans-Joachim Kulenkampff wurde 1921 als Sohn eines Kaufmanns in Bremen geboren. Nach dem Abitur studierte er in Berlin Schauspiel, gab sein Debüt am Bremer Schauspielhaus 1943. Nach dem Studium wurde er als Soldat der Wehrmacht eingezogen und nach Russland geschickt. Ab 1946 war er in Frankfurt am Main im Kleinen Theater am Zoo engagiert. 1948 heiratete er Gertraud (Traudl) Kutscha, mit der er drei Kinder hatte. 1950 wechselte er als Ansager zum Hessischen Rundfunk, startete 1953 seine Show »Wer gegen wen?«, mit der er schnell zum Publikumsliebling des deutschen Unterhaltungsfernsehens wurde. 1958 und 1961 erschienen die Filme »Immer die Radfahrer« und »Drei Mann in einem Boot«, in denen er gemeinsam mit Heinz Erhardt zu sehen ist. 1964 moderierte er die erste Sendung seiner erfolgreichen Show »Einer wird gewinnen«, kurz »EWG«. Nach fünf Jahren wendete er sich anderen Spiel- und Talkshows zu, die jedoch wenig Zuschauer ansprachen, und so nahm er »EWG« 1979 wieder auf; die Sendung lief mit großem Erfolg bis 1987. Von 1985 bis 1990 war er in der ARD kurz vor Sendeschluss als Vorleser der »Nachtgedanken« zu sehen. Bei RTL plus moderierte er von 1990 bis 1991 »Kulis Buchclub«. 1993 übernahm er von Wim Thoelke die Rateshow »Der große Preis« im ZDF, gab diese jedoch bereits nach der sechsten Ausstrahlung wieder ab. 1998 starb Hans-Joachim Kulenkampff in Salzburg, seine Urne wurde auf dem Friedhof von Frauenstein in Oberösterreich beigesetzt.

Bettine von Arnim

Eine »Strahlende« nannte sie ihr Freund Wilhelm Grimm. Und strahlend, voller Mut und Übermut, so ist ihr Bild bis heute geblieben

Von Susanne Mayer

Denkt man an Bettine von Arnim, öffnet sich das Herz. Gibt es eine klügere, leidenschaftlichere Frau, von der man erzählen möchte? Ein weibliches Wesen, das vor über 200 Jahren vorlebte, was heute noch nicht selbstverständlich ist, bürgerliches Selbstbewusstsein, Mut und Unkonventionalität? Die Fähigkeit zur Freundschaft. Den Großmut eines empfindsamen Herzens. Politischen Gestaltungswillen! Eine Mutter von sieben Kindern. Und Intellektuelle. Witzig und charmant. Voller Übermut!

Bettine von Arnim war ein Waisenkind. Geboren am 4. April 1785, in die wohlhabende Frankfurter Kaufmannsfamilie Brentano. Beim Tod der Mutter ist sie acht Jahre alt, beim Tod des Vaters zwölf. Ein späteres Selbstporträt zeigt einen kleinen Kopf, mit dunklen Locken frisiert und einem herzförmigen Gesichtchen, der Kopf ist zur rechten Seite gelegt und nach hinten geneigt, es wirkt ein wenig so, als sei er ihr zu schwer geworden. Der Schwung der Lippen zittert zwischen Lächeln und Trauer. Man möchte dieses Gesicht in die Hände nehmen und es aufrichten. Unnötig, denn sie hatte einen starken Freund, in sich. »Diesem Wesen muß ich nachgeben, ich muß ihr Treue und Glauben zusagen«, notierte sie im Angesicht ihres Spiegelbildes. Dazu brauchte man auch damals Tapferkeit. Rückgrat, würde man heute sagen.

Es waren Zeiten, in denen alles möglich schien. Die Französische Revolution, die amerikanische Verfassung. Das Glück der Freiheit erhält Verfassungsrang! Neue Musik hieß: Mozart und Beethoven. Hölderlin dichtete seinen *Hyperion* und verfiel dem Wahnsinn. Ihre innigste Freundin im Geiste, die Günderrode, stieß sich ein Messer in die Brust, Kleist brachte sich um. Die Weberaufstände gescheitert, die Hoffnungen von 1848 zerschlagen. Aber Goethe war noch immer die alle überragende Gestalt. Bettine, die nach dem Tod beider Eltern im Salon der Großmutter und Schriftstellerin Sophie de La Roche aufgezogen wurde, war mit dem Gedanken vertraut, dass sie mit den Größten ins Gespräch kommen könnte. Nicht zu viel weibliche Bescheidenheit also, auch wenn Goethe die junge Verehrerin bald lästig wurde.

Bettine von Arnim tauschte sich aus mit Philosophen, Politikern, natürlich den Freunden, Karoline von Günderrode, Rahel Varnhagen, Alexander von Humboldt, mit dem Schriftstellerbruder Clemens von Brentano, selbstverständlich mit dem Mann Achim von Arnim, später den Kindern. Sie redet mit, in fiebriger Durchdringung, von Politik und letzten Fragen. Sie ist verwegen, aber keineswegs abgehoben: Bettine von Arnim pflegt in den Elendsvierteln der Hauptstadt die an Cholera Sterbenden. Auch mit dem König verkehrt sie auf Augenhöhe.

Bettine von Arnim nimmt es für sich als politisches Recht, mit ihrem Staatsoberhaupt von Gleich zu Gleich zu sprechen. Ein Volkskönig, das ist ihre Antwort auf die politischen Kämpfe. Sie schreibt ein ganzes Buch, Briefe für den König Friedrich Wilhelm IV. von Preußen, sie lässt nicht nach, ihm ihre Gedanken, Wünsche, Vorstellungen zum Staatswesen anzutragen, sie ist unbequem, nervt, verletzt damit die allererste Regel des Weiblichen, den Herren doch bitte nie zu nahe zu rücken. So viel Chuzpe wäre noch heute zu lernen.

Ihr Plädoyer gegen die Todesstrafe ist kunstvoll und scharfsinnig. Sie wirbt um des Königs Zustimmung. Sie erbittet sie. Sie legt ihm ihre Gründe dar. Die Todesstrafe ziehe diejenigen herab, die sie verhängen. Sie droht ihm, die Grausamkeit der Exekution lasse eine Härte und einen Überreiz in der Seele zurück, sie ängstige die Seele und reize doch zu mehr Blutdurst. Sie lockt ihn mit der Aussicht, durch Barmherzigkeit den Adel des Charakters zu zeigen. Sie schmeichelt. »Was mich bewegt, dies alles zu berühren, ist das Bewußtsein, daß höhere Naturen sich nie herablassen, dessen was ihnen störend sein kann, durch Verfolgung und Vernichtung sich zu entledigen.« Sie verweist auf Gott und seine Gnade. Sie richtet sich auf: »Ich aber erkühne mich in seinem Namen diese Begnadigung von Euer Majestät zu fordern. Kein Menschenleben soll mehr der rächenden Strafe geopfert werden!« Sie spielt, mit sanftem Nachdruck, auf jenen Zeitpunkt an, an dem alle, sie und auch der König, dem Ende des eigenen Lebens entgegensehen müssen. »Und ich dachte, das Leben sei nur ein kurzer Tag, und wie bald die Nacht hereinbricht, die einem anderen Tag vorausgeht, und ich dachte, es wäre schöner als alles, wenn der Nachruhm einer verzeihenden Milde das Andenken Euer Majestät verkläre!«

Bettine von Arnim hält sich nicht auf mit Nebensächlichkeiten, auch wenn ein Gut zu verwalten ist, das Geld nicht reicht, die Kinder von ihr Schub erwarten. Sie stößt mit scharfem Verstand in die Wunden ihrer Zeit: Judenpogrome. Gefängnisreform. Sie sammelt Fakten, um das Kernproblem des preußischen Staates, die Armut, anzuklagen. Doch das Buch darüber kann nicht erscheinen, so drohend spreizt sich die Zensur. Mehr als einmal steht sie im Zentrum eines Skandals. Und ist – auch angesichts der Tragik dieser Zeit – von einer gewissen Furchtlosigkeit, sie lässt nicht nach, sie lässt sich nicht irremachen.

»Ihre Natur ist Tag und Nacht unermüdet«, schrieb Jacob Grimm über sie, dem sie, sowie dessen Bruder Wilhelm, beigestanden hat, als die Zensur sie verfolgte. Und Wilhelm schrieb: »Ihr Herz ist noch besser als sie sich anstellt, und ihr Geist ist einer, wie ihn Gott nicht häufig auf die Welt schickt.« Er nennt sie eine Strahlende, von innen heraus. Bettine von Arnim starb 1859, im Alter von 73 Jahren. Seither fehlt eine wie sie.

Vita

Bettine von Arnim wurde 1785 als Tochter eines Kaufmanns mit dem Namen Elisabeth Catharina Ludovica Magdalena Brentano in Frankfurt am Main geboren. Sie wuchs ab 1797 bei ihrer Großmutter, der Schriftstellerin Sophie de La Roche, in Offenbach auf, lebte ab 1802 in Frankfurt am Main, später in Berlin. Sie war die Schwester von Clemens Brentano und heiratete 1811 dessen Freund Achim von Arnim. Das Paar hatte sieben Kinder, lebte allerdings überwiegend getrennt; sie in Berlin, er auf Gut Wiepersdorf. Ihre literarische Tätigkeit begann Bettine nach dem Tod ihres Mannes 1831. Sie unterhielt Kontakte und Freundschaften u. a. zu Karoline von Günderrode, Ludwig van Beethoven, Rahel Varnhagen, den Brüdern Grimm und Johann Wolfgang von Goethe. Ihre berühmten Briefwechsel mit einzelnen dieser Persönlichkeiten, die sie später herausgab, sind von ihr nach den Grundsätzen der romantischen Poetik überarbeitet und mitunter stark verändert worden; dennoch beeinflusste ihr Buch »Goethes Briefwechsel mit einem Kinde« die Rezeption Goethes in der Folgezeit beträchtlich. Zum Bruch mit dem Dichterfürsten aus Weimar kam es nach einem öffentlichen Streit zwischen Goethes Ehefrau Christiane und Bettine. Im Jahr der Choleraepidemie 1831 in Berlin engagierte sich Bettine bei Hilfsmaßnahmen in den Armenvierteln. 1842 lernte sie in Kreuznach Karl Marx kennen, 1843 erschien ihr sozialkritisches Buch »Dies Buch gehört dem König« mit fiktiven Dialogen, in denen die Herrschaftsformen und sozialen Verhältnisse, die Freiheitsrechte und Bildungsmöglichkeiten in Preußen thematisiert werden und das die Autorin aus taktischen Gründen König Friedrich Wilhelm IV. widmete. Sie stand den Frühsozialisten nahe, hielt jedoch an der Idee eines »Volkskönigs« fest. 1849 publizierte sie die Denkschrift »An die Preußische Nationalversammlung«, 1852 erschien »Gespräche mit Dämonen, des Königsbuch zweiter Band«. Bettine von Arnim starb 1859 in Berlin. Sie wurde neben ihrem Mann in Wiepersdorf beigesetzt.

Ferdinand Lassalle

Wenn heute einer die müde SPD auf Trab bringen könnte, dann er: der Mann, der sie vor mehr als 140 Jahren gründen half

Von Christian Tenbrock

Würden Träume ohne weiteres Realität, würde er zum Retter der siechen deutschen Sozialdemokratie. Einer ihrer Gründer ist er schon. Vor 146 Jahren stand er in Leipzig in einem verrauchten Versammlungssaal vor den Delegierten aus deutschen Landen, um den Allgemeinen Deutschen Arbeiterverein aus der Taufe zu heben, den Vorläufer der Sozialistischen Arbeiterpartei Deutschlands. Vielleicht würde Ferdinand Lassalle jetzt erneut für die Sozialdemokratie antreten – der Volkstribun und Arbeiterführer, Theoretiker und Praktiker der Macht. Er würde der SPD neues Leben einhauchen, die verzagte und verkümmerte Partei an ihre Wurzeln erinnern, an ihren Geschichtsoptimismus und ihre Erfolge. Im Bundestag wäre er, den der alte Sozialdemokrat Hans-Jochen Vogel einen »gottbegnadeten Agitator« nannte, der geborene Oppositionsführer. Den öligen CSU-Baron zu G. würde der in Dutzenden Gerichtsprozessen geschulte Advokat und aristokratisch wirkende Lebemann mit Verweisen auf Hegel und Heraklit schwindelig reden. Angela Merkel hätte Lassalle rhetorisch sowieso im Sack.

Was könnte er auch heute der Partei noch geben! Heinrich Heine bescheinigte ihm eine »an Irrsinn grenzende Willenszähigkeit«, für Eduard Bernstein war er der »Erwecker der deutschen Arbeiterbewegung«. Um ihr zu ihrem Recht zu verhelfen, schrieb Lassalle 1863 die Forderung nach einem allgemeinen, gleichen und direkten Wahlrecht in die Statuten des Allgemeinen Deutschen Arbeitervereins. Zugleich verankerte er in der Sozialdemokratie den Glauben an den solidarischen Sozialstaat – nur der könne garantieren, sagte Lassalle, dass Freiheit nicht allein die Freiheit der Mächtigen ist, sondern zur Freiheit für alle wird. Den bürgerlichen Liberalen seiner Zeit warf er dagegen ihre »Nachtwächterideen« des Staates vor. Dessen vermeintliche Neutralität sei schließlich nichts anderes als Parteinahme für die wirtschaftlich Starken, zürnte er.

Gleiches würde Lassalle heute der FDP entgegenschleudern. Und auch der auf die Reste ihrer ausgedünnten Wählerschaft starrenden SPD würde er die Leviten lesen. Die bejammert, dass es das Industrieproletariat nicht mehr gibt, dass ihre Milieus verkümmern und dass der Sturm der Globalisierung ihre Stammwähler in alle Winde zerstreut. Lassalle würde antworten, es gehe ihm im Gegensatz zu Marx nicht einfach um »die Arbeiterklasse«. Schon in seinem Arbeiterprogramm habe er geschrieben, dass »wir alle« Arbeiter seien, »insofern wir nur eben den Willen haben, uns in irgendeiner Weise der menschlichen Gesellschaft nützlich zu machen«. Schon damals habe er alle unteren und ärmeren Schichten mit einbezogen, und um die vor allem müsse es heute wieder gehen – neben den anderen, die sich in der neuen Mitte der Gesellschaft um ein solidarisches Miteinander mühen.

Freilich würde Lassalle die »Unteren« und die »Ärmeren« nicht paternalistisch betreuen wollen. »Solange ihr nur ein Stück schlechte Wurst habt und ein Glas Bier, merkt ihr gar nicht, dass euch etwas fehlt! Das kommt von eurer verdammten Bedürfnislosigkeit«, hielt er 1863 den Arbeitern in Leipzig wütend vor. Den neuen deutschen Niedriglöhnern und Teilzeitbeschäftigten, den Leiharbeitern und jungen Lamentierern, die Praktikum an Praktikum reihen und sich geduldig ausbeuten lassen, würde er Gleiches sagen. Und hinzufügen, dass »die ewige Schwäche einer revolutionären Idee, die sich zur Praxis kehren will«, im Mangel an Bewusstsein und im damit zusammenhängenden Mangel an Organisation liege. Also würde Lassalle Solidarität einfordern, natürlich organisiert, natürlich in der SPD.

Aber ach, das ist alles Träumerei. Deutschlands Sozialdemokratie wird von mittelmäßig Begabten und redlich Bemühten geführt. Visionen haben ihr die Pragmatiker der Macht nachhaltig ausgetrieben. 2013 jährt sich das Gründungsdatum von Ferdinand Lassalles Allgemeinem Deutschen Arbeiterverein zum 150. Mal. 2013 ist auch das Jahr der nächsten Bundestagswahl. Ohne einen neuen Lassalle wird die SPD sie wohl wieder verlieren.

Vita

Ferdinand Lassal wurde 1825 als Sohn eines wohlhabenden jüdischen Seidenhändlers in Breslau geboren. Nach der Schulzeit besuchte er die Handelsschule, von 1843 bis 1846 studierte er Philologie, Geschichte und Philosophie in seiner Heimatstadt, später in Berlin. 1845 reiste er nach Paris, wo er die deutschen Revolutionäre um Georg Herwegh kennenlernte und mit Heinrich Heine zusammentraf. Aus Begeisterung für die Französische Revolution änderte er die Schreibweise seines Namens von Lassal in Lassalle. Mitte der vierziger Jahre lernte er auch die Sozialistin Sophie Gräfin von Hatzfeld kennen und vertrat sie von 1846 bis 1856 in ihrem

Scheidungsprozess. 1848 engagierte er sich für die Einführung einer demokratischen Verfassung, rief zum bewaffneten Kampf für die Nationalversammlung in der Frankfurter Paulskirche auf, wurde dafür verhaftet und zu sechs Monaten Gefängnis verurteilt, die er 1849 verbüßte. 1851 gründete er in Düsseldorf einen illegalen Zirkel revolutionärer Arbeiter, propagierte sozialistische Ideen und unterstützte 1851/52 die Angeklagten im sogenannten Kölner Kommunistenprozess. In den darauffolgenden Jahren wandte er sich der Schriftstellerei zu, übersiedelte 1857 nach Berlin. Im gleichen Jahr veröffentlichte er sein philosophisch-historisches Werk »Die Philosophie Herakleitos des Dunklen von Ephesos«. Anfang der sechziger Jahre kam er mit der italienischen nationalen Unabhängigkeitsbewegung in Kontakt, lernte Giuseppe Garibaldi kennen, setzte sich hernach in Berlin für die Gründung einer demokratischen Arbeiterpartei ein. Dass er an ein Erreichen des Sozialismus innerhalb der gegebenen Machtverhältnisse glaubte, führte zum Bruch mit der marxistischen Bewegung. 1863 gründete Lassalle in Leipzig den Allgemeinen Deutschen Arbeiterverein (ADAV), dessen Präsident er wurde. Im August des folgenden Jahres starb er in Genf an den Schussverletzungen, die er während eines Duells erlitten hatte. Er wurde auf dem Alten Jüdischen Friedhof in Breslau begraben.

Robert Bosch

Als »Sozialschwärmer« wurde er beschimpft, doch der schwäbische Unternehmer ließ sich nicht beirren. Heute wissen wir: Er war ein Pionier

Von Dietmar H. Lamparter

Angenommen, ein deutscher Konzernchef machte heute folgenden Vorschlag: Lasst uns die Arbeitszeit flächendeckend auf fünf Stunden reduzieren. Damit wird die vorhandene Arbeit besser verteilt, und wir bekommen die Arbeitslosen von der Straße. Ein großer Teil der Kosten wird durch eingespartes Arbeitslosengeld kompensiert. Und wenn mehr Leute einen Job haben, kurbelt das zudem den Konsum an. Die reflexhafte Ablehnung im Arbeitgeberlager und durch führende Volkswirtschaftler wäre ihm sicher. Und so erging es auch Robert Bosch, als er 1932 in seinem Aufsatz *Die Verhütung künftiger Krisen in der Weltwirtschaft* für eine radikale Arbeitszeitverkürzung plädierte. Das war seine Lehre aus den bitteren Erfahrungen seiner Zeit. Er wollte möglichst viele Menschen in Arbeit halten. Denn »die Beschäftigungslosen müssen verkümmern, körperlich und seelisch«.

Bosch hatte in seinem Betrieb den rasanten Produktivitätsfortschritt durch immer leistungsfähigere Maschinen miterlebt. Seine

Vision: In nicht allzu ferner Zeit würden wenige Stunden Arbeit am Tag ausreichen, um »das Lebensglück« eines jeden zu sichern. Als einer der ersten deutschen Unternehmer führte er den Achtstundentag und den freien Samstagnachmittag ein. Ingenieure, Gesellen, Arbeiterinnen und selbst die Kriegsblinden im Unternehmen verdienten rund 20 Prozent mehr als vergleichbare Industriebeschäftigte. Das nahmen ihm andere Arbeitgeber übel. Sie schmähten ihn als den »roten Bosch«, hießen ihn einen »Sozialschwärmer«. Er hielt dagegen: »Ich zahle nicht gute Löhne, weil ich viel Geld habe, sondern ich habe viel Geld, weil ich gute Löhne bezahle.«

Seine sozialen Pioniertaten wollte Bosch denn auch nicht als »Geschenke« verstanden wissen. Wer etwas leiste, so sein Credo, für den sollte sich das direkt lohnen. Die Praxis gab ihm recht. Seine Leute lieferten in acht Stunden bessere Arbeit ab als ihre Kollegen bei der Konkurrenz in neun. Der Chef selbst war ein ständiger Antreiber, ohne dass der Spaß zu kurz kam. Wenn in seiner Werkstätte viel gelacht und gesungen wurde, war er zufrieden. Als »Bosch-Geist« ging dieses gedeihliche Betriebsklima in die Wirtschaftshistorie ein.

Bosch war das zehnte von elf Kindern eines Großbauern und Gastwirts aus Albeck bei Ulm. Mit 15 Jahren ging er von der Schule ab, um eine Feinmechanikerlehre zu absolvieren. Wichtige Lehren zog er aus seinen Wanderjahren, die ihn durch Deutschland, nach England und nach Amerika führten. Als bekennender »Sozialist« kehrte er zurück. Aber als eigenwilliger. Weder von der Mehrwerttheorie des Karl Marx noch von Planwirtschaft hielt er etwas. Letztere konnte nach seiner Überzeugung nicht funktionieren. Dafür sei der Mensch nicht gemacht. Seine Vorstellung von Sozialismus bedeutete faire Arbeitsbeziehungen im Unternehmen.

Im Jahre 1886 gründete Bosch in Stuttgart eine Werkstätte für Feinmechanik und Elektrotechnik. Aus dem Drei-Mann-Betrieb machte er nach holprigem Start einen weltweit erfolgreichen Konzern. Bosch verstand es, mit seinen schwäbischen Tüftlern technische Erfindungen zu perfektionieren – vor allem das »Zubehör« für die aufkommende Automobilindustrie.

Er hatte nicht studiert. Dennoch begriff er früh, wie wichtig es in einem rohstoffarmen Land wie Württemberg war, Bildung und technische Entwicklung zu fördern. Dafür stiftete er regelmäßig Geld, unterstützte aber auch das Gesundheitswesen oder Künstler in der Region. Den größten Teil der Gewinne steckte Bosch freilich wieder ins Geschäft, so konnte er auf Bankkredite verzichten. Das machte sein Unternehmen krisenfest.

Noch heute lebt der legendäre »Bosch-Geist« im Unternehmen weiter. Von Boschs Stiftungen profitieren junge Talente, Künstler und Wissenschaftler. Bosch war der Pionier der nachhaltigen Unternehmensführung: Die Fragen, die er aufwarf, werden in der heutigen Wirtschaftskrise wieder heiß diskutiert.

Vita

Robert Bosch wurde 1861 als Sohn eines Gastwirts in Albeck bei Ulm geboren. Er absolvierte nach der Schulzeit eine Feinmechanikerlehre und arbeitete danach in Betrieben in Deutschland, den USA und Großbritannien, eröffnete 1886 seine eigene »Werkstätte für Feinmechanik und Elektrotechnik« in Stuttgart. Dort entwickelte er mit seinen Ingenieuren Apparate, die große Fortschritte für die noch junge Automobilindustrie bedeuteten, wie etwa die Hochspannungs-Magnetzündung für Benzinmotoren und elektrisches Kfz-Zubehör (Anlasser, Lichtmaschinen, Kleinmotoren). 1887 heiratete er seine erste Frau, Anna Kayser, mit der er drei Kinder hatte. Mit seiner zweiten Frau, Margarete Woerz, die er 1927 ehelichte, hatte er zwei Kinder. 1906 führte er als einer der ersten Arbeitgeber in Deutschland für seine Mitarbeiter den achtstündigen Arbeitstag ein. 1910 stiftete Bosch der Technischen Hochschule Stuttgart 1 Million Mark zur Förderung der Bildung, 1916 insgesamt 20 Millionen Mark für gemeinnützige Zwecke. 1917 wandelte er sein Unternehmen in eine Aktiengesellschaft um und übernahm den Aufsichtsratsvorsitz. Er gehörte verschiedenen wirtschaftlichen Gremien an, etwa dem ›Verband württembergischer Industrieller‹, der ›Kommission zur Vorbereitung der Sozialisierung der Industrie‹, dem ›Reichsverband der deutschen Industrie‹. Ende der zwanziger Jahre erweiterte er die Produktpalette seines Unternehmens, fertigte zunehmend Elektrogeräte für den Konsumbereich wie Radioapparate und Kühlschränke. 1932 erschien sein Buch »Die Verhütung künftiger Krisen in der Weltwirtschaft«. Mit der Machtübernahme der Nationalsozialisten veränderte sich die Situation auch innerhalb von Boschs Firma, die nun aufgrund von Rüstungsaufträgen expandierte. Als Privatmann unterstützte Bosch den aktiven Widerstand gegen Hitler. 1937 wandelte er sein Unternehmen in eine GmbH um. Robert Bosch starb 1942 in Stuttgart und wurde auf dem dortigen Waldfriedhof begraben.

Käthe Kollwitz

Sie zeichnete die Elenden, Kranken, Betrogenen. Ihre Kunst ist Klage und Anklage – und hat nichts von ihrer Kraft verloren

Von Petra Pinzler

Den Arm emporgereckt, ein flehender Blick, den Mund zum Ruf geöffnet, daneben in steiler Handschrift der Appell: »Nie wieder Krieg.« Seit bald einem Jahrhundert wird dieses Plakat von der deutschen Friedensbewegung getragen und nachgedruckt. Doch Käthe Kollwitz, die Malerin und Bildhauerin, die Mahnerin, die Unbeugsame, gehört nicht nur wegen plakativer Appelle zu den ganz Großen. Sie hat sich vielmehr wie wenige Künstler den Problemen ihrer (und unserer) Zeit zugewandt: dem Elend, dem Hunger, dem Krieg. Und sie hat die Opfer ins Zentrum ihrer Kunst gerückt und damit in die Öffentlichkeit geholt: die Geschundenen, die Betrogenen, die Kranken. »Ich will, dass meine Kunst Zweck hat«, sagte Käthe Kollwitz. »Ich will wirken.« Ihre Werke macht dies so aktuell wie unzeitgemäß. Denn ist nicht auch unsere Zeit, wie die ihre, eine, in der man gern wegschaut – weil man das Elend nicht erträgt, den Krieg nicht verhindern kann oder weil man sich einfach nicht interessiert? Kollwitz schaute hin und malte, was sie sah. Es war ihr mitnichten peinlich, unmittelbar zu wirken, das Gefühl des Betrachters schneller anzusprechen als den Intellekt. Kunst, geschaffen nur um der Kunst willen, war ihr fremd. Sie wollte aufrütteln.

Schon im Elternhaus hatte Käthe Kollwitz das freie Denken gelernt. Geboren in Königsberg in ein bürgerliches und sozialdemokratisches Milieu, hört sie früh von den Ideen der sozialistischen Bewegung. Die begabte Tochter wird von den Eltern gefördert, sie darf Malerei studieren, die Aufbruchstimmung des Münchner und Berliner Künstlermilieus genießen und den Autor Gerhart Hauptmann kennenlernen. Dessen Drama *Die Weber* gibt ihr ein paar Jahre später den entscheidenden Impuls. Inzwischen wohnt sie mit ihrem Mann in Berlin, er arbeitet als Armenarzt, sie malt die Armen. Dann aber inspiriert sie das Theater, motiviert sie zur Arbeit am *Weberaufstand,* einer Serie über das Elend der arbeitslosen Proletarier. Mit einem Schlag wird sie bekannt, ihre Kunst vom Hof naserümpfend übersehen, sie aber wird zum ersten weiblichen Mitglied der Preußischen Akademie der Künste.

Kollwitz verändert mit ihren Arbeiten den Fokus der bildenden Kunst. Ganz intuitiv wendet sie sich mit Zeichnungen, Lithographien und Holzschnitten den Menschen zu. Sie malt die Verzweiflung der Weber, das Elend der Mütter, den Hunger der Kinder. Sie erkennt im Privaten das Politische. Schon zu ihrer Zeit finden das manche zu gegenständlich, zu wenig intellektuell, unmodern. Dabei ist es die Stärke dieser Frau, unzeitgemäß zu sein. In den goldenen zwanziger Jahren erinnert sie an die grauen Hinterhöfe. In den Dreißigern malt sie gegen den Krieg. In den Vierzigern, als Frauen auf das Mutterkreuz stolz sein sollen, bleibt sie Künstlerin – trotz Ausstellungsverbot und Schikanen.

Immer wieder stört sie auch mit dem größten Thema ihres Lebens: dem Tod. Seit ihr jüngster Sohn zu Beginn des Ersten Weltkrieges gefallen ist, verarbeitet Kollwitz ihre Trauer durch ihre Kunst. Noch in ihren letzten Jahren – inzwischen ist auch ihr Enkel im Krieg gestorben, und sie hätte sich darüber leicht der Depression ergeben können – findet sie die Energie zur Arbeit. Kurz vor ihrem Tod malt sie eine Frau, die unter ihrem Mantel ihre Kinder versteckt: ein stiller Protest dagegen, dass nun auch Jugendliche an die Front müssen.

Die *Pietà,* eine 40 Zentimeter große Bronze einer Mutter, die sich über den toten Sohn beugt, bleibt ihre wohl bekannteste Plastik – auch weil Helmut Kohl, damals noch Kanzler, einen Abguss in Übergröße in die Neue Wache in Berlin stellen ließ, die Zentrale Gedenkstätte für die Opfer von Krieg und Gewaltherrschaft. Das Unterfangen wurde viel kritisiert, es blende Opfergruppen aus, setze Täter und Opfer gleich. Inzwischen weisen Tafeln auf alle Opfer der Nazis hin. Und die Skulptur hat dafür gesorgt, dass die Standbilder der preußischen Generäle Scharnhorst und Bülow nicht wieder vor der Wache aufgestellt wurden. Die Mutter mit dem toten Sohn bleibe nur, so hatten die Erben der Malerin als Bedingung für die Reproduktion der Plastik gefordert, wenn die Generäle dauerhaft verschwänden.

Den Frieden in der Welt schafft das nicht. Aber ein kleiner, später Sieg der friedensbewegten Malerin ist es schon.

Vita

Käthe Schmidt wurde 1867 in Königsberg geboren. Ab 1881 nahm sie Zeichenunterricht bei einem Kupferstecher, studierte von 1885 bis 1889 bei Karl Stauffer-Bern in Berlin und bei Ludwig Herterich in München. Zurück in Berlin heiratete sie 1891 den Arzt Karl Kollwitz, mit dem sie zwei Söhne hatte. Von 1898 bis 1902/03 war sie als Lehrerin an der Berliner Künstlerinnenschule tätig. 1898 wurde sie erstmals einer größeren Öffentlichkeit bekannt, als sie auf der Großen Berliner Kunstausstellung ihre Radierfolge »Ein Weberaufstand« zeigte. Im gleichen Jahr wurde sie Mitglied der Berliner Secession. Das Dresdner Kupferstichkabinett erwarb 1899 den »Weberaufstand« und begründete damit eine Sammlung ihrer Werke. Außerdem erhielt sie die Kleine Goldene Medaille auf der Deutschen Kunstausstellung in Dresden. Für ihren Zyklus »Bauernkrieg« erhielt sie den Villa-Romana-Preis. 1904 lebte sie für ein Jahr in Paris, studierte an der Académie Julien und lernte u. a. Auguste Rodin kennen. 1919 wurde Kollwitz das erste weibliche Mitglied der Preußischen Akademie der Künste und zur Professorin ernannt. Die Künstlerin gehörte keiner Partei als Mitglied an, war aber als engagierte Pazifistin und Sozialistin bekannt, die die Zusammenarbeit von KPD und SPD unterstützte. 1922/23 arbeitete sie an der Holzschnittfolge »Der Krieg«, 1932 wurde ihre Plastik »Die Eltern«, die sie bereits 1914, nachdem ihr Sohn gefallen war, zu planen begonnen hatte, auf dem Soldatenfriedhof in Roggevelde aufgestellt. Nach der Machtübernahme der Nationalsozialisten 1933 wurde ihr der Lehrauftrag entzogen, und sie wurde zum Austritt aus der Akademie der Künste gezwungen. Sie lebte ab 1943 in Nordhausen, zog 1944 nach Moritzburg. Hier starb Käthe Kollwitz wenige Tage vor Kriegsende. Ihr Grab befindet sich auf dem Zentralfriedhof Friedrichsfelde in Berlin.

Fritz Schumacher

Die Stadt ist für alle da. Ist zum Leben da. Soll nicht nur funktionieren, soll ein Kunstwerk sein. Er hat gewusst, wie das geht

Von Manfred Sack

Schon merkwürdig, dass dem Architekten Fritz Schumacher der Ruhm Karl Friedrich Schinkels bis heute verweigert wird – obwohl der Hamburger Baumeister ein einzigartiges komplexes Werk von ähnlicher Qualität zustande gebracht hat wie der Berliner. Genau vor hundert Jahren gefiel es dem Senat der Hansestadt, diesen schon berühmten, sehr beliebten Professor aus Dresden zum Baudirektor zu ernennen. Der Berufene enttäuschte seine skeptischen Mentoren nicht: Er schuf das moderne Hamburg. Sein Leben und sein Werk erinnern daran, dass Investoren zwar Häuser bauen können, aber keine Städte. Dazu braucht es Menschen, braucht es Künstler wie ihn. »Soziales und Ästhetisches«, schreibt er 1920, müssen »ineinander greifen, und diese Vereinigung ist ja das, was wir Kultur nennen«.

Früh erzogen zu selbständigem Handeln, war der in Bremen geborene, im Ausland aufgewachsene Diplomatensohn ein blendender Schüler. Den Architekturstudenten reizte der Umgang mit Künstlern jedweder Profession, er schrieb selber Dichtung und inszenierte Dramen. 1899 vertraute die TH Dresden dem 30-Jährigen eine Professur an. Er las in überfüllten Hörsälen, reformierte das verkrustete Architekturstudium, engagierte sich für den Deutschen Werkbund. 1909 dann der Wechsel nach Hamburg. Schumacher entwarf etliche öffentliche Gebäude der Stadt, von der Oberfinanzdirektion am Gänsemarkt bis zur legendären Davidwache an der Reeperbahn, auch an die vierzig – heute noch international bewunderte – Schulen.

Und mehr als das: Unter Beteiligung der fähigsten Hamburger Architekten schuf er viele schwungvoll gegliederte, harmonisch der Stadt eingefügte soziale Siedlungen. Denn für Schumacher, den Reformer und Menschenfreund, war die Stadt ein gemeinnütziger Organismus. So zahlte es sich aus, dass er dem störrischen Senat 1914 die Verantwortung für die gesamte Stadtplanung hatte abtrotzen können. Sein visionäres, beherzt in die Umgebung langendes Stadtentwicklungsmodell gilt heute noch – so wie die Stadt Köln noch immer von Schumachers Planungen (mit dem »Grüngürtel«) zehrt, für die ihn die Domstadt drei Jahre lang von Hamburg ausgeliehen hatte.

»Nebenbei« schuf er, der von den Nazis angefeindet und 1933 entlassen wurde, ein erstaunliches literarisches Werk: mehr als dreißig Bücher, darunter Essays über Architektur, über Kunst, ach, über alle Künste, über Kulturpolitik und Kunsterziehung; er schrieb Gedichte und Reiseberichte, einen Roman, allerlei »Träumereien« und »Selbstgespräche«, philosophische Betrachtungen, ein Festspiel gar.

Erscheinungen wie Schumacher sind rar. Begreiflich also der Traum, jemandem wie ihm, in welcher unserer Großstädte auch immer, neuerlich zu begegnen: einem so wissbegierigen, tatkräftigen, so umfassend gebildeten, weltoffenen, zukunftsfrohen Architekturanreger und Stadtgestalter. Denn seine Stadt sollte nicht nur Bedürfnisse befriedigen und Funktionen bedienen, nicht nur »Lebensumfeld« sein, sondern ein Kunstwerk für die Menschen.

Vita

Friedrich (Fritz) Wilhelm Schumacher wurde 1869 in Bremen geboren und verbrachte seine Kindheit in Bogotá und New York, wo sein Vater als deutscher Generalkonsul tätig war. Ab 1883 lebte die Familie wieder in Bremen. Von 1889 bis 1893 studierte Schumacher in München zuerst Naturwissenschaften und Mathematik, wechselte aber bald zu Architektur. Nach dem Studium arbeitete er in einem Architekturbüro in München, erhielt 1895 eine Anstellung im Stadtbauamt Leipzig. 1899 veröffentlichte er sein Buch »Im Kampfe um die Kunst«, in dem er Einfachheit, Handwerklichkeit und Lokalbezug in der Architektur fordert. Im gleichen Jahr nahm er einen Ruf der Technischen Hochschule in Dresden an. In seiner Freizeit entwarf er Privatwohnhäuser, schrieb über Architektur und Stadtplanung, organisierte 1906 die 3. Deutsche Kunstgewerbeausstellung in Dresden maßgeblich mit. 1907 wurde der Deutsche Werkbund gegründet, dessen Gründungsmitglied Schumacher war. 1909 wurde er zum Baudirektor und Leiter des Hochbauwesens in Hamburg berufen, wo er seine an der Tradition ausgerichtete moderne Architektur verwirklichen konnte; er wählte die Verwendung von Backstein für seine Bauten in der Hansestadt. Schumacher plante und realisierte in diesen Jahren u. a. die Kunstgewerbeschule, das Johanneum und das Museum für Hamburgische Geschichte. Von 1920 bis 1923 war er als Technischer Baumeister in Köln tätig, dann kehrte er als Oberbaudirektor nach Hamburg zurück und blieb bis 1933 in dieser Position. Es entstanden viele weitere öffentliche Gebäude, etwa die Finanzbehörde am Gänsemarkt, die Davidwache sowie mehrere Schulen. Außerdem entwickelte er das Konzept eines organischen Stadtwachstums mit Wohnsiedlungen am Rande der Stadt. 1933 wurde er von den Nationalsozialisten in den vorzeitigen Ruhestand versetzt. Nach Ende des Zweiten Weltkrieges beteiligte er sich aktiv an der Diskussion um den Wiederaufbau der Hansestadt. 1947 starb Fritz Schumacher in Hamburg und wurde auf dem Ohlsdorfer Friedhof beigesetzt.

Albert Schweitzer

Sein Leben in den Dienst des anderen zu stellen – was für eine Provokation heute, in einer Welt der Ich-AGs und Profitcenter!

Von Robert Leicht

Albert Schweitzer ist auf zwei Feldern so herausragend hervorgetreten, dass er bereits dort ohne weiteres als Leuchtturm in Erinnerung bleibt: Zum einen hatte der im elsässischen Kaysersberg geborene Schweitzer Theologie studiert und es nach einer Promotion zum Doktor der Philosophie, sodann der Theologie gebracht; es folgten alsbald theologische Habilitation und die Arbeit als Privatdozent an der Theologischen Fakultät zu Straßburg.

Zugleich aber hatte sich Albert Schweitzer zum Orgelvirtuosen herangebildet und 1908 eine voluminöse Biographie Johann Sebastian Bachs veröffentlicht, die für seine Zeit sensationell und auch heute noch als originell zu lesen ist, weil sie erstmals die Bachsche Motivsprache analysiert. Außerdem erkannte er früh den Substanzverlust, der mit der Modernisierung der Orgeln im Übergang zum 20. Jahrhundert zu quasisinfonischen Maschinen verbunden war; er kämpfte daher sehr energisch und wirkungsvoll für die Bewahrung wichtiger Instrumente und fachte damit die »Orgelbewegung« an.

Dies alles hätte längst für ein kapitales Lebenswerk ausgereicht. Doch Schweitzer hatte bereits mit 21 Jahren beschlossen, sich nach seinem 30. Geburtstag dem »unmittelbaren Dienen« zuzuwenden, wie auch Nils Ole Oermann in seiner jüngst erschienenen Biographie Schweitzers festhält. Deshalb begann er an dieser Lebenswende mit dem Studium der Medizin, wurde auch in diesem Fach, also zum dritten Mal promoviert, durchlief eine tropenmedizinische Zusatzausbildung – und gründete im afrikanischen Gabun das Krankenhaus von Lambarene.

Als »Urwalddoktor« wurde er in der ganzen Welt bekannt, insgesamt 14-mal kehrte er nach Europa-Aufenthalten, wahrend deren er für seine Klinik warb und mit Orgelkonzerten Geld dafür einspielte, an diesen Ort zurück, in dem er am 4. September 1965 gestorben ist und auch begraben wurde.

War er für viele so etwas wie ein Heiliger geworden (für manche übrigens auch ein naiver Heiliger, vor allem wenn er sich in politischen Fragen äußerte), so zog er später auch Kritik auf sich von jenen, die ihm in seiner Krankenhausarbeit sozusagen kolonialistisches Patriarchentum und Primitivmedizin vorhielten.

Darüber mögen inzwischen die Historiker des Kolonialzeitalters und der Medizin ihre abständigen Aufsätze schreiben – oder längst geschrieben haben, vor allem vom sicheren und bequemen Schreibtisch aus.

Ein Vorbild bleibt Albert Schweitzer über allen geschichtlichen Abstand hinaus aus zwei Gründen: Da stand jemand – und steht in der Erinnerung immer noch – vor uns, der sein Leben nicht allein als grandiose Veranstaltung der Selbstverwirklichung führen wollte, als Universitätslehrer und Künstler; und was das angeht, hatte er, wie gesagt, die allermeisten von uns schon in jungen Jahren weit überflügelt. Sondern Schweitzer wollte sein weiteres Leben entschieden in den Dienst am andern, an den vermeintlich Niedrigen stellen.

Und es steht eine Persönlichkeit vor uns, die über Humanität nicht nur gescheit redete und publizierte, sondern die wusste: Es kommt darauf an, dass man etwas tut. Dass er dabei kein über allem schwebender Heiliger war, sondern ein Mensch mit Kanten und Schwächen – das gerade erst macht es möglich, ihn als Vorbild zu begreifen.

Ein Letztes in diesem Zusammenhang: Albert Schweitzer wurde als deutscher Staatsangehöriger geboren, als solcher reiste er nach seinen drei Studien von 1913 bis 1917 zum ersten Mal nach Lambarene. Erst 1920 wurde er, der sich stets einen alemannischen Charakter zuschrieb, mit dem Versailler Vertrag zum Franzosen. Aber wahre Vorbilder können sich alle Nationen teilen.

Vita

Albert Schweitzer wurde 1875 als Sohn eines Pfarrverwesers im alemannisch-elsässischen Kaysersberg geboren. Er studierte ab 1893 in Straßburg evangelische Theologie und Philosophie und nahm Orgelunterricht bei Charles Marie Widor in Paris. 1889 legte er sein erstes Theologisches Examen ab, studierte anschließend in Paris und Berlin. 1899 wurde er im Fach Philosophie promoviert, legte im Folgejahr sein zweites Theologisches Examen ab, wurde in diesem Fach ebenfalls promoviert und trat ein Vikariat in Straßburg an. 1902 habilitierte er sich mit einer theologischen Arbeit. 1905 erschien seine auf Französisch verfasste Bach-Biographie, 1908 publizierte er eine Fassung in deutscher Sprache. In den Jahren 1905 bis 1911 widmete er sich einem Medizinstudium, das er ebenfalls mit einer Promotion abschloss. 1912 heiratete er Helene Bresslau, die gemeinsame Tochter wurde 1919 geboren. 1913 wurde er zum Dr. med.

promoviert und reiste nach Lambarene in Französisch-Äquatorialafrika, heute Gabun, wo er ein Tropenkrankenhaus gründete. Wegen ihrer deutschen Staatsangehörigkeit wurden er und seine Frau von der französischen Armee 1917 inhaftiert und bis 1918 in Frankreich interniert. In diesen Jahren entwickelte Schweitzer maßgeblich seine Ethik der »Ehrfurcht vor dem Leben«. 1920 erhielt das Ehepaar die französische Staatsbürgerschaft, da das Elsass nun an Frankreich angeschlossen war. Um Geld für eine nächste Reise nach Afrika und den Ausbau des Krankenhauses zu verdienen, hielt Schweitzer Vorträge über seine Ethik und gab Orgelkonzerte. 1924 bis 1927 arbeitete er in Lambarene, begann mit dem Bau eines zweiten Krankenhauses. Ab 1933 lebte er mit wenigen Unterbrechungen bis zu seinem Tod in Lambarene. 1951 wurde ihm der Friedenspreis des Deutschen Buchhandels verliehen, 1954 nahm er den Friedensnobelpreis entgegen. 1955 wurde das Lepradorf in Lambarene eröffnet. Albert Schweitzer starb 1965 in Lambarene und wurde dort neben seiner Frau beigesetzt.

Gustav Radbruch

Gibt es ein Recht über dem Gesetz? Kein Jurist ist in den globalen Konflikten der Gegenwart so aktuell wie er, der Professor aus Heidelberg

Von Jochen Bittner

Wie muss es gebebt haben in diesem Gelehrten während der Nazijahre. Gustav Radbruch, vor dem Krieg Rechtsprofessor in Heidelberg, Königsberg und Kiel, in der Weimarer Republik kurze Zeit SPD-Justizminister, war in Hitlers Reich ein verbannter Jurist, durfte nichts veröffentlichen. Aber wie er dann, 1945, seinen Geist entlädt! Was Radbruch zu sagen hat über die »Schandgesetze« und die Perversion, die dem Recht in den vergangenen zwölf Jahren angetan wurde, passt auf eine Zeitungsseite. Dass die nicht Feuer fängt, ist erstaunlich.

»Befehl ist Befehl, heißt es für den Soldaten. Gesetz ist Gesetz, sagt der Jurist. [...] Diese Auffassung hat die Juristen wie das Volk wehrlos gemacht gegen noch so willkürliche, noch so grausame, noch so verbrecherische Gesetze«, beginnt Gustav Radbruch seinen Text *Fünf Minuten Rechtsphilosophie,* veröffentlicht am 12. September 1945 in der *Rhein-Neckar-Zeitung.* Es sind fünf Minuten, die die Deutschen zurückholen sollen aus dem Dunkel von blindem Gehorsam, Obrigkeitsglauben, moralischer Irre und Feigheit. Radbruch hat in den vergangenen zwölf Jahren seine neukantianische Überzeugung gehütet wie ein Ankerlicht. Aus dem, was ist, lautet sie, kann unmöglich auf das geschlossen werden, was sein soll. »Nein«, lesen wir in Minute zwei, »es hat nicht zu heißen: alles, was dem Volke nutzt, ist Recht, vielmehr umgekehrt: nur was Recht ist, nutzt dem Volk.«

Doch wie erkennt das Volk, was Recht ist? Wie soll es trennen zwischen gutem Gesetz und schlechtem Gesetz? Wer richtet über rechtes Recht? »Recht ist der Wille zur Gerechtigkeit«, antwortet Radbruch in Minute drei. Und in Minute vier sagt er, was daraus folgt: »Das aber muß sich dem Bewußtsein des Volkes und der Juristen tief einprägen: es kann Gesetze mit einem solchen Maß von Ungerechtigkeit und Gemeinschädlichkeit geben, das ihnen die Geltung, ja der Rechtscharakter abgesprochen werden muß.«

Dieser Satz klingt nicht nur nach moralischem Rigorismus, er ist es. Aber genau deswegen wird er, endgültig ausformuliert 1946 in dem berühmten Aufsatz *Gesetzliches Unrecht und übergesetzliches Recht,* in die deutsche Rechtsgeschichte eingehen. Die Entscheidung, wann ein Gesetz zu verwerfen statt anzuwenden ist, ist das vielleicht heikelste, wahrscheinlich das anmaßendste, ohne Zweifel aber das wichtigste Urteil, das Juristen treffen können. In diesem sehr deutschen Streit um Recht und Gerechtigkeit hat Radbruch die wegweisende Orientierungsmarke gesetzt. Dreimal diente seine Formel nach seinem Tod 1949 den höchsten Richtern des Landes dazu, gesetzliches Recht als Unrecht zu entlarven. Jedes Mal waren die Urteile historisch. Niemand sollte hoffen, dass wir Radbruch noch einmal brauchen. Wenn doch, können wir froh sein, ihn zu haben.

1951 entscheidet der Bundesgerichtshof, dass die Erschießung eines Deserteurs durch einen Kommandanten des Volkssturms rechtswidrig gewesen ist. Zur Begründung verweisen die Richter auf Radbruch. Der zugrundeliegende »Katastrophenbefehl« Himmlers weise ein »unerträgliches Maß« an Ungerechtigkeit auf. »Er ist keine Rechtsnorm.«

1968 verwirft das Bundesverfassungsgericht die NS-Verordnung, nach der Juden die deutsche Staatsangehörigkeit aberkannt wurde. Wieder lassen die Richter sich die Feder von Radbruch führen: Die Vorschrift widerspreche so evident fundamentalen Gerechtigkeitsprinzipien, »daß sie von Anfang an als nichtig erachtet werden muß.«

1995 muss der Bundesgerichtshof darüber entscheiden, ob DDR-Grenzsoldaten für die Erschießung von Flüchtenden bestraft werden dürfen. Laut DDR-Recht handelten sie rechtmäßig. Aber nicht laut übergesetzlichem Recht. Das Grenzgesetz, so die Bundesrichter, verstoße gegen elementare Gebote der Gerechtigkeit. Es sei daher unbeachtlich. »Wo Gerechtigkeit nicht einmal erstrebt wird«, schreibt Radbruch, »können die so geschaffenen Anordnungen nur Machtansprüche sein, niemals Rechtssätze.«

Im 21. Jahrhundert stellt sich die Frage nach Recht und Gerechtigkeit in einer neuen, internationalen Dimension. Kann es richtig sein, einen Diktator (Saddam Hussein) mit Gewalt zu beseitigen, auch wenn das Recht (keine Zustimmung durch den UN-Sicherheitsrat) dies verbietet? Muss staatliche Souveränität (Afghanistan) nicht enden, wenn sie zu Verbrechen (11. September) missbraucht wird? Die Schönheit der Radbruchschen Formel birgt auch eine Gefahr. Woher nehmen wir die Überzeugung, dass unsere Auffassung von Gerechtigkeit wahrer ist als andere? Vor diesem Zweifel kapituliert Radbruch, und zwar in der fünften Minute seiner Fünf-Minuten-Rechtsphilosophie. Die Lösung, schreibt er, bleibe der »Stimme Gottes« überlassen, »welche nur angesichts des besonderen Falles im Gewissen des Einzelnen spricht«.

Vita

Gustav Radbruch wurde 1878 als Sohn eines wohlhabenden Kaufmanns in Lübeck geboren. Von 1898 bis 1900 studierte er Jura in München, Leipzig und Berlin. Danach absolvierte er sein Referendariat und promovierte 1902 bei Franz von Liszt. Im Folgejahr übersiedelte er nach Heidelberg, wo er sich habilitierte und bis 1910 als Privatdozent tätig war. 1910 wurde er zum Professor für Strafrecht und Rechtsphilosophie an der Universität Heidelberg berufen. 1914 folgte er einem Ruf der Universität Königsberg, meldete sich bei Ausbruch des Kriegs als freiwilliger Krankenpfleger, diente ab 1915 als Freiwilliger beim Landwehr-Infanterie-Regiment an der Westfront. 1919 trat er der SPD bei, befürwortete entschieden die Weimarer Reichsverfassung. Im gleichen Jahr wurde er als Professor nach Kiel berufen. Bei der Reichstagswahl des Jahres 1920 wurde der Jurist zum Reichstagsabgeordneten der SPD gewählt und profilierte sich in den folgenden vier Jahren als Rechtspolitiker. Er war Mitherausgeber der politischen Zeitschriften ›Schriften zur Zeit‹ sowie ›Neue Blätter für den Sozialismus‹ und veröffentlichte 1921 seine »Rechtsphilosophische Parteienlehre«, in der er die Demokratie als einzig zulässige Staatsform explizierte. Von 1921 bis 1923 war er Reichsjustizminister im Kabinett von Joseph Wirth, ab 1923 unter Gustav Stresemann. Ab 1926 wandte er sich wieder seiner wissenschaftlichen Arbeit zu, lehrte wieder als Professor in Heidelberg. 1933 wurde der Sozialdemokrat als einer der ersten Professoren aus dem Staatsdienst entlassen. Er zog sich ins Private zurück, widmete sich seinen Studien der Rechtsgeschichte. Unmittelbar nach Ende des Zweiten Weltkrieges nahm er seine Lehrtätigkeit in Heidelberg wieder auf. Mit der sogenannten ›Radbruchschen Formel‹ konkretisierte er 1946 aufgrund der Erfahrungen der vergangenen Jahre seine rechtsphilosophische Position. Gustav Radbruch starb 1949 und wurde auf dem Bergfriedhof in Heidelberg bestattet.

Marie Juchacz

Keine Almosen, sondern helfende Solidarität. Das war ihre Botschaft. Wir können sie gut gebrauchen

Von Susanne Gaschke

Die Gründerin der Arbeiterwohlfahrt war eine herbe, fast männliche Erscheinung – weit entfernt von dem, was gegenwärtig als öffentlichkeitstaugliches weibliches Schönheitsideal gilt. Ihr Blick auf alten Fotos ist wach, aber misstrauisch. Wie viel Verlass ist auf das Schicksal?, scheint er zu fragen. Und wie viel auf die männlichen Genossen? Seit 1903 arbeitete Marie Juchacz im Umfeld der SPD, 1919 saß sie für die Partei in der verfassungsgebenden Weimarer Nationalversammlung, 1920 im SPD-Parteivorstand.

Vom Schicksal allzu viel zu erwarten, dazu hatte sie als 1879 geborene Tochter verarmter Handwerker aus der Provinz wenig Grund: Politisch war sie im Kaiserreich ein Mensch zweiter Klasse ohne Wahlrecht – und als Volksschülerin fast ohne Ausbildungsmöglichkeiten; Fabrikarbeit und später Versorgung durch Heirat, so sah Juchacz' Lebensperspektive aus.

Sie selbst änderte diese Perspektive, durch eigenes Tätigsein und radikal. In Berlin entdeckte sie in der (verbotenen) politischen Frauenarbeit ihr rhetorisches Talent. Die SPD schickte sie ins Rheinland, um die wachsende weibliche Industriearbeiterschaft für die sozialdemokratische Bewegung zu mobilisieren. Dabei sammelte Juchacz, vor allem während des Ersten Weltkriegs, Erfahrungen in der Sozialarbeit. Sie half Soldatenwitwen. Sie organisierte Ferienausflüge für Arbeiterkinder. Sie leitete Kochkurse an. Und sie lernte, durch die Zusammenarbeit mit bürgerlichen Wohlfahrtsverbänden, vor allem eines: »Der Reiche oder Wohlhabende gibt den Armen. Er, der Gebende, steht höher und kommt sich ganz unwillkürlich als der bessere Mensch vor.« Solche Almosenmildtätigkeit wollte Juchacz nicht; sie wollte auch nicht die »Minderwertigkeit und Schuld« des Einzelnen als Ursache für seine Hilfsbedürftigkeit annehmen. Deshalb brauchte, aus ihrer Sicht, die Sozialdemokratie eine eigene Fürsorgeorganisation – mit Mitarbeitern, die ihren Dienst nicht voller Dünkel versahen, sondern das Schicksal ihrer Klienten aus eigenem Erleben kannten.

Juchacz hat beim Aufbau der 1920 gegründeten Arbeiterwohlfahrt, die bereits sechs Jahre später mehr als 2000 Ortsvereine und weit über 100 000 freiwillige Helfer zählte, Gewaltiges geleistet. Sie hat Unschätzbares zur Modernisierung und Professionalisierung der sozialen Berufe beigetragen.

Eine solche Heldin brauchte die Sozialdemokratie heute dringend wieder, obwohl eine Marie Juchacz der Gegenwart vielleicht andere Felder beackern würde als die Wohlfahrt. Die politische Linke hätte darüber hinaus jemanden nötig, der wie Juchacz das alte Aufstiegsversprechen mit ihrem höchstpersönlichen, unbändigen Selbstverbesserungswillen exemplarisch wiederbeleben könnte. Marie Juchacz steht aber vor allem für eins: Sie lebte für eine bessere Welt.

Vita

Marie Gohlke wurde 1879 in Landsberg an der Warthe als Tochter eines Zimmermanns geboren. Nach der Volksschule arbeitete sie zunächst als Dienstmädchen und Fabrikarbeiterin, war dann in der Krankenpflege tätig. 1898 begann sie eine Lehre zur Schneiderin in der Werkstatt von Bernhard Juchacz, den sie 1903 heiratete. 1906 trennte sie sich von ihrem Mann und zog mit ihren beiden Kindern und ihrer Schwester Elisabeth Kirschmann-Röhl nach Berlin, wo sie ihren Lebensunterhalt in Heimarbeit mit Nähen verdiente. Sie engagierte sich in der SPD und wurde, nachdem sie bereits im Rixdorfer Parteivorstand gewesen war, 1910 zur Vertreterin der Frauen im Zentralvorstand des Wahlkreises Teltow-Storkow-Beeskow-Charlottenburg ernannt. Aufgrund von Vortragsreisen stieg ihr Bekanntheitsgrad zunehmend, und sie erhielt 1913 das Angebot vom Parteibezirk Obere Rheinprovinz in Köln, dort als bezahlte Frauensekretärin zu arbeiten; noch im gleichen Jahr übersiedelte sie mit ihren Kindern und der Schwester an den Rhein. Während des Krieges war sie als Vertreterin der Nationalen Frauengemeinschaft im Ernährungsausschuss aktiv, lernte hier einiges über Armenrecht und Armenpflege. 1917 trat sie das Amt der Frauensekretärin im Zentralen Parteivorstand der SPD an. Außerdem übernahm sie von Clara Zetkin die Redaktionsleitung der Frauenzeitung ›Die Gleichheit‹. 1919 wurde Juchacz als eine von 37 Frauen – darunter auch ihre Schwester Elisabeth – in die Weimarer Nationalversammlung gewählt und hielt als erste deutsche Parlamentarierin vor diesem Gremium eine Rede. Sie war 1920 bis 1933 Mitglied des Reichstages. 1919 gründete sie die Arbeiterwohlfahrt (AWO) und war bis 1933 deren Vorsitzende. Nach der Machtübernahme der Nationalsozialisten emigrierte sie über das Saarland und das Elsass nach Paris und Marseille, schließlich 1941 in die USA. 1949 kehrte sie nach Deutschland zurück und wurde Ehrenvorsitzende der AWO. Marie Juchacz starb 1956 in Düsseldorf.

Friedrich Wilhelm Raiffeisen

Er stellte die Kraft des Kapitals in den Dienst der sozialen Entwicklung. Seine Genossenschaftsidee öffnet eine Tür in die Zukunft

Von Mark Schieritz

Wer von Lira aus, einem Städtchen im ärmlichen Norden Ugandas, die staubige Straße in Richtung des Sudans nimmt, gelangt an ein aus grauen Brettern zusammengenageltes Häuschen. Es handelt sich um eine Bank – eine Spar- und Darlehenskooperative. Kontostände werden in ein großes Buch eingetragen, das Geld lagert in einer grünen Metallkassette. Die Bank verleiht die Sparguthaben an ihre Mitglieder, vor allem an Bauern der Umgebung. Einer von ihnen ist gekommen, um seinen Kredit zurückzuzahlen – er hatte sich das Geld geliehen, um eine Kuh zu kaufen.

So ungefähr muss es vor 130 Jahren im Westerwald zugegangen sein. Bauernbefreiung und Industrialisierung brachten der Bevölkerung eine bisher nicht gekannte wirtschaftliche Eigenständigkeit. Doch es fehlte das Kapital. Wer Geld brauchte, musste sich an Wucherer wenden. Armut und Hunger machten das Leben schwer. Friedrich Wilhelm Raiffeisen sah die Not – und beschloss zu handeln.

Raiffeisen wurde 1818 in Hamm an der Sieg geboren. Er wählte zunächst die militärische Laufbahn, wegen eines Augenleidens wechselte er aber in den zivilen Verwaltungsdienst und wurde 1852 Bürgermeister von Heddesdorf bei Neuwied.

Raiffeisen konnte mit der damals verbreiteten Sehnsucht nach der alten Ordnung nicht viel anfangen. Er erkannte, dass die neuen Zeiten ungeheure Produktivkräfte freigesetzt hatten, die nur zum Leben erweckt werden mussten. Dazu sei zweierlei nötig, schreibt er in seinem 1866 erschienenen Hauptwerk *Die Darlehenskassen-Vereine als Mittel zur Abhilfe der Noth der ländlichen Bevölkerung sowie auch der städtischen Handwerker und Arbeiter:* »Geld und die Kenntnisse, solches möglichst nutzbar anzuwenden.« Seine Aufgabe sah er darin, das Geld herbeizuschaffen. Bauern, Tagelöhner und Handwerker müssten ihre »Kasse haben, in welche sie ihre Ersparnisse einlegen und der sie den notwendigen Bedarf an Geld jederzeit entnehmen können, und zwar zu einem möglichst günstigen Zinsfuße«. Zugang zum Bankwesen hatte die Landbevölkerung, die kaum über Sicherheiten verfügte, aber nicht. Raiffeisens Idee: Die Menschen bilden eine feste Gemeinschaft, die Genossenschaft, um sich gegenseitig zu unterstützen. Nicht Mitleid ist das Organisationsprinzip der Genossenschaft, sondern die Bündelung der Kräfte zum Wohle aller.

1864 gründet Raiffeisen den Heddesdorfer Darlehenskassen-Verein, kurz darauf die Rheinische Landwirtschaftliche Genossenschaftsbank, eine Zentralbank, die den Liquiditätsausgleich zwischen den kleinen Darlehenskassen ermöglicht. So kann das Geld von denjenigen, die es gerade nicht benötigen, zu denjenigen fließen, die es sinnvoll und produktiv einsetzen können. Volkswirte würden sagen: Die Kapitalallokation wird optimiert. Die Lage der Bauern im Westerwald hat Raiffeisen gezeigt, wie wichtig ein funktionierender Finanzmarkt für Wachstum und Wohlstand ist.

Seine Ideen haben zunächst in Deutschland, später weltweit Anhänger gefunden. Heute sind in mehr als 100 Ländern rund 350 Millionen Menschen in Genossenschaften organisiert – sie kümmern sich nicht mehr nur um Geld und Kredit, sondern wickeln den Warenhandel ab oder betreiben Maschinen.

Raiffeisen hat die Kraft des Kapitals erkannt und einen Weg gefunden, sie in den Dienst der wirtschaftlichen und sozialen Entwicklung zu stellen. Darin unterscheidet er sich von so manchem Banker unserer Tage, der nur auf seine Rendite achtet – was die Weltwirtschaft an den Rand des Abgrunds gebracht hat.

Vita

Friedrich Wilhelm Raiffeisen wurde 1818 als siebtes von neun Kindern eines Landwirts und Bürgermeisters in Hamm (Sieg) geboren. Als 17-Jähriger trat er in die preußische Armee ein, verfolgte eine Offizierslaufbahn, die ihn nach Köln, Koblenz und Sayn führte, musste jedoch 1843 wegen eines Augenleidens seinen Abschied aus dem Militärdienst nehmen. Er war fortan im zivilen Verwaltungsdienst tätig, wurde 1845 Bürgermeister von Weyersbusch. Im gleichen Jahr heiratete er Emilie Storck, mit der er sieben Kinder hatte. Nach einer Hungersnot 1846 gründete er den sogenannten Brotverein; dies war eine erste vorgenossenschaftliche Umsetzung seiner Selbsthilfe-Idee. 1848 wurde er Bürgermeister von Flammersfeld, 1852 von Heddesdorf, heute ein Teil von Neuwied. Während seiner Amtszeit in Flammersfeld gründete er den Flammersfelder Hülfsverein zur Unterstützung unbemittelter Landwirte, bei dem die Bauern ihr Geld sparen sowie auch welches für Anschaffungen leihen konnten. In Heddesdorf gründete er schließlich 1864 den Heddesdorfer Darlehnskassenverein, der zum Vorbild heutiger Genossenschaftsbanken wurde. Von Anfang an stand der Selbsthilfegedanke im Zentrum der Arbeit, weniger das wirtschaftliche Ergebnis. Genossenschaftsgrundsätze waren: Beschränkung auf das Nachbarschaftsgebiet, ehrenamtliche Leitung durch Ortsansässige, unbeschränkte Haftung und Vereinigung des Kredit- und Warengeschäfts. Für den überregionalen Ausgleich wurden Zentralkassen auf Provinzebene gegründet, die ihrerseits als Mitglieder einer Landwirtschaftlichen Generalbank verbunden waren. Aufgrund seines Augenleidens, das sich nach einer Typhusinfektion verschlimmert hatte, wurde Raiffeisen als 47-Jähriger pensioniert, widmete sich aber bis zu seinem Tod dem Aufbau der Genossenschaftsbank, gründete 1877 zur Revision und Betreuung der Genossenschaften den Anwaltsverband ländlicher Genossenschaften. 1888 starb Friedrich Wilhelm Raiffeisen in Heddesdorf.

Adolph Lowe

Der Kapitalismus ist unberechenbar, das menschliche Verhalten nicht zu kalkulieren. Daraus folgt: Die Ökonomie muss wieder gesellschaftskundig werden

Von Wolfgang Uchatius

Nachdem Johannes Kepler das Sternensystem begriffen, Isaac Newton die Schwerkraft erklärt und Charles Darwin die Entstehung der Arten beschrieben hatte, wollte der Mensch zu guter Letzt den Kapitalismus verstehen. Er machte sich daran, herauszufinden, was die Wirtschaftswelt zusammenhält, er suchte nach universellen Gesetzen. Er fand keine.

Wenn ein Apfel vom Baum fällt, fällt er nach unten. Das ist sicher. In der Marktwirtschaft gibt es nichts, was sicher ist. Finanzmärkte brechen zusammen, obwohl zuvor die Kurse stiegen. Menschen verlieren ihre Arbeit, obwohl die Firma Gewinne schreibt. Staaten gehen nicht bankrott, obwohl die Schulden unermesslich sind. Bestand hat nur die Ungewissheit.

Manche Wirtschaftswissenschaftler wollen das auch nach ein paar Dutzend verheerenden Rezessionen und ein paar Hundert Jahren des wiederkehrenden ökonomischen Irrtums nicht einsehen. Sie behaupten weiter, sie könnten den Gang des Geldes vorhersagen. Einer aber, ganz und gar nicht berühmt, vertrat schon vor langer Zeit die Meinung, der Kapitalismus sei nicht berechenbar. Am Ende hat er recht behalten.

Der Mann hieß, als er 1893 in Stuttgart zur Welt kam, Adolph Löwe, 1939 erhielt er den Namen Lowe, weil auf der Schreibmaschine einer englischen Behörde kein ö zu finden war. Da war er, Jude von Geburt, Hochschullehrer mit Leidenschaft und Sozialdemokrat aus Überzeugung, schon mit seiner Familie aus

Deutschland geflohen. Die Nazis hatten ihn als einen der Ersten auf die Liste der zu verhaftenden Personen gesetzt. Weil man ihm in England nach Kriegsbeginn seine deutsche Herkunft nachtrug und seinen Vertrag an der Universität Manchester nicht verlängerte, ging Lowe 1940 nach New York, wo er, wie viele andere Exilanten, an der New School for Social Research lehrte, 43 Jahre lang.

Er versuchte nichts weniger, als die Geschichte zurückzudrehen. Als Lowe kurz nach dem Ersten Weltkrieg begann, sich mit dem Kapitalismus zu beschäftigen, hatten die Ökonomen gerade angefangen, ihr Fach zu einer Art Naturwissenschaft zu erklären. Mit mathematischen Formeln ermittelten sie monetäre Schwerkräfte, die Marktwirtschaft erschien als gigantisches mechanisches System. Elegant und ziemlich realitätsfern – dachte Lowe. In den populären Theorien fehlte ihm vor allem eines: das unkalkulierbare Verhalten des Menschen, das geprägt wird von Werten, Regeln und Eigenarten einer Gesellschaft.

Lowe war ein großer Anhänger des Kapitalismus – den Planwirtschaften des Ostens sagte er früh das Ende voraus. Jedoch hielt er den Markt für krisenanfällig, ähnlich wie der britische Ökonom John Maynard Keynes. Von dessen Gefolgsleuten unterschied er sich dadurch, dass er auch dem Staat als Lenker in der Not Fehler zutraute.

Sein 1965 veröffentlichtes Hauptwerk *On Economic Knowledge (Politische Ökonomik)* lässt sich als Absage an jene Wirtschaftswissenschaftler lesen, die, ihren Formeln und ihrer Ideologie folgend, für jedes Land zu jeder Zeit mehr Markt oder mehr Staat empfehlen und sich wenig darum kümmern, ob in einem Land zu dieser Zeit vielleicht das Gegenteil richtig wäre. Lowe wollte die Wirtschaftswissenschaft wieder zu einer Sozialwissenschaft machen. Das hat er nicht geschafft. Die Nobelpreise gewannen andere, und der Glaube an die Rechenkunst blieb Charakteristikum fast aller Ökonomen. Erst die Finanzkrise des Jahres 2008 brachte das Fach ins Wanken.

Adolph Lowe starb 1995, mit 102 Jahren. Sicher ist: Anders als viele zeitgenössische Wissenschaftler hätte ihn die gegenwärtige Krise nicht überrascht. Und anders als die meisten hätte er als Erklärung nicht allein ökonomische Phänomene wie Finanzmarktblasen oder Eigenkapitalregeln angeführt. Er hätte gefragt, woran es lag, dass die amerikanische Gesellschaft ihren Wohlstand so sehr auf Schulden aufbaute, und wie sich das ändern lasse. Eine Antwort darauf hat bis heute niemand gegeben.

Vita

Adolph Lowe wurde 1893 als Adolf Löwe in Stuttgart geboren. Er studierte in Tübingen und Berlin Rechtswissenschaften, u. a. bei Franz Oppenheimer. Aus gesundheitlichen Gründen wurde er nicht zum Kriegsdienst eingezogen, 1918 promovierte er. 1919 wurde er Referent für Sozialisierungsfragen im Reichsarbeitsministerium, anschließend Referent in der Reparationsabteilung des Reichswirtschaftsministeriums. Er schrieb in diesen Jahren Aufsätze zur Konjunkturdiskussion, gehörte zu den Pionieren auf diesem Gebiet. 1926 publizierte er seine Arbeit über Konjunkturtheorie, mit der er sich an der Universität Kiel habilitiert hatte. Bis 1931 war er Leiter des Instituts für Weltwirtschaft in Kiel, wurde dann als Professor für Theoretische Nationalökonomie an die Universität Frankfurt am Main berufen. 1933 emigrierte er nach Manchester, wo er unterrichtete und als Adolph Lowe eingebürgert wurde. 1940 ging er nach New York, wo er an der New School for Social Research lehrte. 1983 kehrte er nach Deutschland zurück. 1965 erschien sein bedeutendes Buch »On Economic Knowledge«, 1978 erschien »The Path of Economic Growth«, 1988 »Has Freedom a Future?«. Adolph Lowe starb 1995 in Wolfenbüttel.

Fritz Bauer

Mut zur Wahrheit, beharrliche Zivilcourage – wie schwer sind doch diese so einfachen Tugenden! Er hat sie uns gelehrt

Von Heinrich Wefing

Am Ende, an einem heißen Sonntag im Juni 1968, ist er einsam gestorben, enttäuscht, verbittert vielleicht, jedenfalls erschöpft von den ständigen Rückschlägen, von Angriffen und Häme. Wenn er sein Büro verlasse, hat Fritz Bauer, der treibende Ankläger im Frankfurter Auschwitz-Prozess, einmal gesagt, dann betrete er Feindesland.

Man kann sich heute kaum mehr vorstellen, gegen welchen Widerstand, ja bisweilen Hass der hessische Generalstaatsanwalt ankämpfen musste, um durchzusetzen, worum es ihm im Innersten ging: eine Aufklärung der NS-Verbrechen vor Gericht, die zugleich eine Aufklärung dieses tief verstrickten Landes über sich selbst sein sollte.

Das Ansinnen allein, der Leitung des Vernichtungslagers den Prozess zu machen, war in den frühen sechziger Jahren eine Ungeheuerlichkeit – eine Provokation der Öffentlichkeit, die von der Vergangenheit nichts wissen wollte, auch eine Herausforderung der Justiz, in der sich die alten Parteigenossen längst wieder massenhaft etabliert hatten und nun Bauers Prozesse zu hintertreiben suchten, wo sie nur konnten.

Rückhalt fand der leidenschaftliche Ankläger und Aufklärer, dieser Moralist in Robe, allein bei der hessischen Landesregierung – und bei einem Kreis junger Staatsanwälte, die ihm begeistert zuarbeiteten.

Diese Isolation, die Rolle des Außenseiters, kannte Bauer von klein auf, seit seine Mitschüler ihn, den begabten Sohn jüdischer Eltern, als Christusmörder verhöhnten. Er ist die Rolle nie losgeworden, nicht als junger sozialdemokratischer Richter in einer streng konservativen Justiz nach dem Ersten Weltkrieg, erst recht nicht als KZ-Häftling und Emigrant in Dänemark und Schweden, auch nicht als Aufbauhelfer einer demokratischen Rechtspflege in der jungen Bundesrepublik.

Aber Bauer hat sich davon lange nicht entmutigen lassen, im Gegenteil, mit ungeheurer Energie hat sich der Jurist der herrschenden Meinung entgegengestemmt und das Unpopuläre durchgefochten. Manches davon ist heute überholt, vieles ist erreicht, die große Strafrechtsreform etwa, und das Wichtigste, die Auseinandersetzung mit der NS-Vergangenheit, ist mittlerweile tatsächlich Grundkonsens des politischen Gemeinwesens – auch dank des großen Frankfurter Auschwitz-Prozesses von 1963 bis 1965, den es ohne Bauer, ohne seine Beharrlichkeit, seine moralische Entschiedenheit, nicht gegeben hätte.

Das ist, was von Fritz Bauer bleibt. Und das ist, was heute so sehr gebraucht wird wie zu jeder Zeit: Zivilcourage – auch, vielleicht gerade von Staatsanwälten.

Vita

Fritz Bauer wurde 1903 als Kind einer deutsch-jüdischen Familie in Stuttgart geboren. Nach seinem Studium der Volkswirtschaftslehre und Rechtswissenschaft in München und Tübingen, das er mit einer Promotion 1927 in Heidelberg abschloss, wurde er 1930 Gerichtsassessor beim Amtsgericht Stuttgart. 1933 wurde er aus dem Staatsdienst entlassen und von der Gestapo kurzzeitig im KZ Heuberg interniert. Er emigrierte 1936 nach Dänemark, 1943 von dort nach Schweden. 1945 kehrte er nach Kopenhagen zurück, kam 1949 wieder nach Deutschland. 1950 wurde er zum Generalstaatsanwalt am Oberlandesgericht in Braunschweig ernannt, 1956 wurde er als hessischer Generalstaatsanwalt nach Frankfurt am Main berufen und übte dieses Amt bis zu seinem Tod aus. 1960 war es Fritz Bauer, der dem israelischen Geheimdienst Mossad den entscheidenden Hinweis gab, dass sich der Kriegsverbrecher Adolf Eichmann in Argentinien aufhielt, der daraufhin erfasst und schließlich in Jerusalem verurteilt wurde. 1961 war der Jurist Gründungsmitglied der Bürgerrechtsvereinigung Humanistische Union (HU). Als hessischer Generalstaatsanwalt verantwortete er die Anklageerhebung im sogenannten Auschwitz-Prozess, der im Hauptverfahren 1963 eröffnet wurde. Fritz Bauer wurde 1968 in seiner Wohnung in Frankfurt am Main tot aufgefunden.

Bildnachweis

ullstein bild: S. 11, 17, 21, 29, 33, 37, 41, 45, 51, 55, 59, 63, 69, 75, 79, 83, 87, 91, 101, 105, 109, 113, 117, 121, 125, 129, 133, 139, 147, 151, 155, 159, 163, 167, 171, 175, 179, 185, 189, 193, 197, 201, 205, 209, 213, 221

Bildarchiv Preußischer Kulturbesitz: S. 25, 49, 143

dpa: S. 97